ANKE DÖRRZAPF • CLAUDIA LIEB

Die wunderbaren Reisen des
MARCO POLO

ANKE DÖRRZAPF, geboren 1973, ist Journalistin und Buchautorin. Sie studierte Politik, Kunstgeschichte und Italienisch in München und Bologna. Das journalistische Handwerk hat sie bei der Münchner Tageszeitung *tz* und auf der Henri-Nannen-Schule gelernt. Sie arbeitete als Redakteurin bei der Kunstzeitschrift *art*, als Redaktionsleiterin des Kindermagazins *P.M. Willi wills wissen* sowie als freie Autorin. Ihre Spezialgebiete sind Kunstreportagen, Kinderjournalismus, Reisereportagen, Italien, Biografien. Die geborene Münchnerin schreibt unter anderem für *Geo Saison*, *Brigitte*, *Der Spiegel*, *P.M.* und verfasst Bücher für Kinder und Jugendliche. Ihre Arbeiten sind unter *www.anke-doerrzapf.de* zu sehen.

CLAUDIA LIEB, geboren 1976 in Erlenbach am Main, hat in Münster und an der Hochschule für Angewandte Wissenschaften in Hamburg Kommunikationsdesign studiert. Als Art Direktorin war sie für die grafische Gestaltung der Kinderzeitschrift *P.M. Willi wills wissen* verantwortlich. Sie lebt in München und arbeitet in einer Ateliergemeinschaft als Illustratorin und Grafikerin. Unter anderem ist sie tätig für *ADAC Reisemagazin*, *Artinvestor*, *Der Spiegel* und *Wirtschaftswoche*. Ihr Portfolio ist unter *www.claudialieb.de* zu sehen.

Inhalt

9 PROLOG

15 DIE REISE
16 Eine Kindheit in Venedig
22 Die Abreise
28 Zwei ängstliche Mönche für den Großkhan
31 Der Beginn der langen Reise
36 Der Überfall von Nogodar
39 Im Hafen von Hormos
42 Krank am Hindukusch
48 Entlang der Seidenstraße

55 SECHZEHN JAHRE CHINA
56 Am Hof des Kublai Khan
63 Peking und die kaiserlichen Jagden
69 Die erste Gesandtschaftsreise
73 Viele Straßen führen nach Canbaluc
79 Abschied vom Großkhan

83 DIE RÜCKKEHR
84 Aufbruch nach Europa
88 Fünf Monate auf Sumatra
93 Das Wunderland Indien
96 Abschied von der Prinzessin
102 Die Seeschlacht mit Genua

106 EPILOG

110 Quellennachweis
111 Register

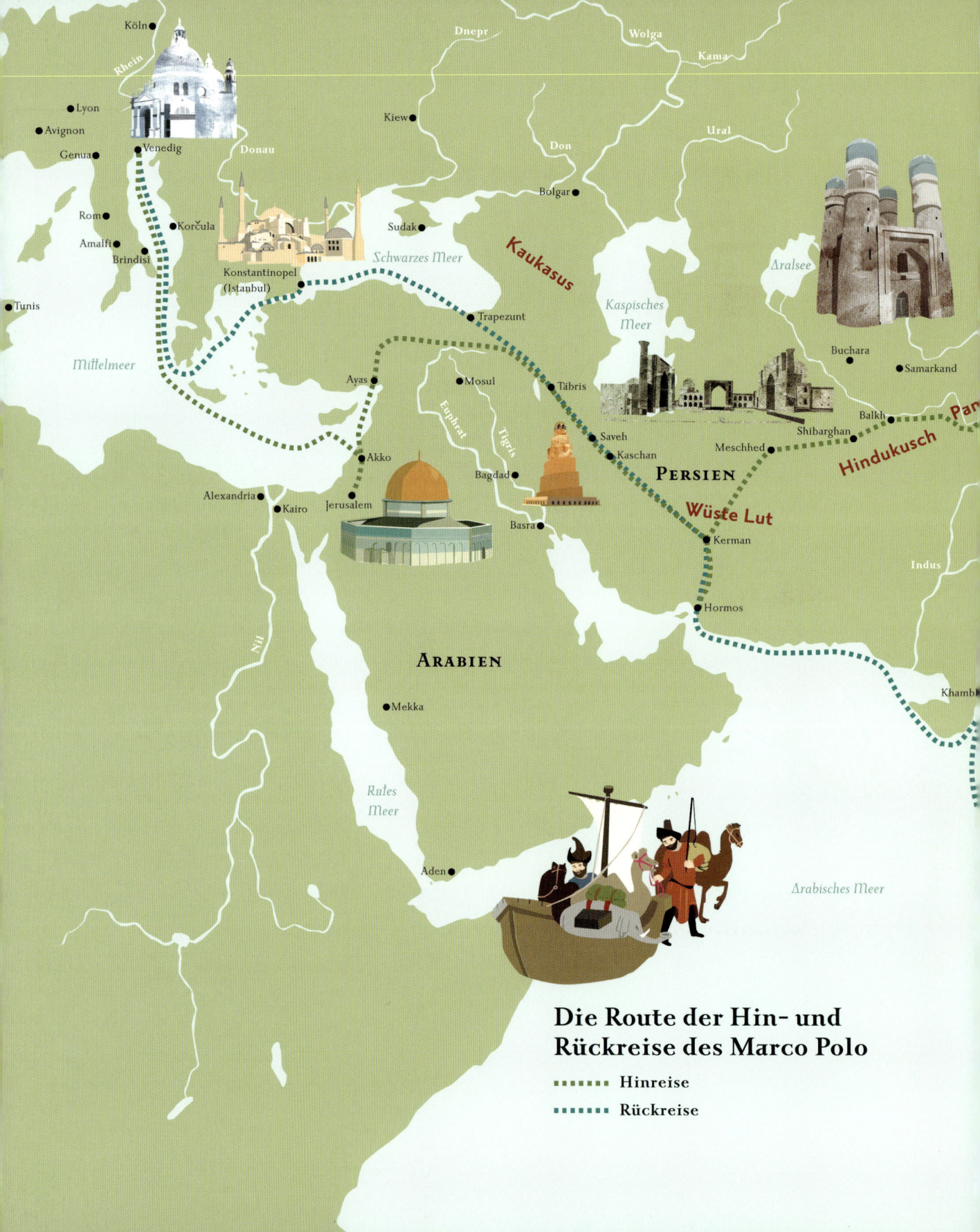

Prolog

„Messer Marco Polo? Gestattet, mein Name ist Rustichello. Ich bin Dichter."

„Was wollt Ihr?"

„Ihr seid doch Marco Polo?"

Marco Polo blickt zu dem dunkelhaarigen Mann mit bleichem Gesicht, senkt den Blick wieder, brummt ein „Mhhmm" vor sich hin. Marco Polo ist vierundvierzig Jahre alt, sein Bart hat graue Strähnen bekommen. Er sitzt auf dem Boden, lehnt mit dem Rücken an der Wand des Gefängnisses, in dem er seit ein paar Tagen eingesperrt ist.

„Gestattet, Messer Polo, dass ich neben Euch Platz nehme?"

„Seid willkommen", grummelt Marco Polo, dreht einen Kieselstein in der Hand, sieht ihn gelangweilt an.

Eine Weile schweigen die Männer. Drei Häftlinge gehen an den beiden vorbei. Draußen dämmert es bereits. Hinten, in den weit entfernten Gängen,

MESSER
„Messer" ist italienisch und bedeutet „Herr". Mit diesem Titel sprach man im Italien des Mittelalters einen Mann an, dem man Respekt erweisen wollte.

hört man die Gefängniswärter näher kommen, ihre Schlüssel quietschen in den Schlössern. Sie zünden die Fackeln an den Wänden an. Langsam kriecht das warme, gelbe Licht die Zellen voran.

Es ist das Jahr 1298. Ein milder Tag im September, in dem die Sonne die Gefängnismauern noch wärmt. Marco Polo hatte am 8. September eine venezianische Galeere befehligt. Doch in der Seeschlacht gegen Genua waren die Venezianer unterlegen. Viele Schiffe hatten Feuer gefangen und waren gesunken. Marco Polo hatte Glück: Seine Galeere blieb heil. Die Genuesen stürmten sein Schiff, Matrosen und Kommandant wurden in Ketten gelegt und nach Genua gebracht. Siebentausend Venezianer wurden auf die Gefängnisse der Stadt verteilt.

Nun sitzt Marco Polo hier. Keine Katastrophe. Im Kerker von Genua dürfen sich die Männer frei bewegen, nur das Essen ist karg und kommt nicht regelmäßig. Er weiß nie, wann die nächste Mahlzeit ansteht. Ein Ende der Gefangenschaft ist nicht abzusehen. Noch immer sind die beiden italienischen Städte verfeindet.

„Ihr seid nicht aus Venedig, nicht wahr?", sagt Marco Polo.

„Nein, Messer. Ich stamme aus Pisa." Rustichello spricht schneller, wirkt erleichtert, dass der Kaufmann Marco Polo nun doch Gefallen an einer Unterhaltung gefunden hat. „Seit vierzehn Jahren bin ich eingesperrt. Damals verlor meine Stadt im Krieg gegen Genua. Die Sommer hier sind ganz erträglich. Dann schützen die Mauern vor der Hitze. Aber im Winter ist es unangenehm kalt. Es wird sehr feucht. Ihr solltet Euch warme Kleidung von Eurer Familie schicken lassen."

Rustichello da Pisa seufzt. „Essen dürfen wir uns ebenfalls von Verwandten bringen lassen. Das ist ein Segen bei der kargen Verpflegung hier. Wir müssen also nicht auf allen Luxus verzichten. Dennoch hätte ich nie gedacht, dass ich einmal vierzehn Jahre im Gefängnis verbringen muss. Und mich einfach so auf die Erde setze anstatt auf bequeme Stühle an reich gedeckten Tafeln. Es gibt hier einfach zu viele Gefangene und zu wenig Bänke."

„Wenn es Euch tröstet: Das ist fast wie in Indien", grinst Marco Polo, zupft an seiner Jacke. „Da sitzen die Menschen auch auf dem Boden. Sogar die Könige. Sie sagen, es sei ehrenvoll, auf der Erde zu sitzen, denn aus Erde seien wir gemacht und zur Erde müssten wir zurück; daher könne die Erde nicht hoch genug verehrt werden."

„Wie ich höre, wart Ihr sogar in China?", bemüht sich Rustichello, das Gespräch in Gang zu halten.

„Das hat sich wohl schon herumgesprochen?"

„Wundert Euch das? Es gibt zwar viele Kaufleute, die bis nach Palästina oder ans Schwarze Meer reisten. Aber ich bin noch niemandem begegnet, der so weit in den Osten kam!"

„Ihr sagt, Ihr seid Dichter?"

„Ja, ich schreibe Ritterromane." Rustichello streckt seinen Rücken durch. „Messer, bitte erzählt mir von Eurer langen Reise, von Euren Abenteuern in fernen Ländern. Es wäre eine große Ehre für mich, wenn Ihr die Güte hättet, Euer Wissen über China und all die Länder, die ihr bereist habt, mit mir zu teilen."

Marco Polo scheint für einen Moment aus seiner Trägheit zu erwachen. Dann sinkt er erneut in sich zusammen.

„Viele Menschen halten mich für einen Hochstapler. Sie glauben, ich übertreibe, wenn ich von den unermesslichen Reichtümern im Osten spreche, von den hohen Bergen des Pamir, auf welchen das Feuer nur noch ganz schwach brennt. Oder wenn ich von den Erfindungen der Chinesen erzähle und von ihren herrlichen Schiffen auf dem Ozean. Ich bin es leid, zu versichern, dass ich alles mit eigenen Augen gesehen habe. Manche behaupten sogar, ich sei nie in China gewesen und würde nur Geschichten erzählen, die ich von anderen Reisenden gehört oder gar erfunden habe."

Marco Polo schweigt einen Moment, sieht Rustichello prüfend an.

„Dichter Rustichello da Pisa, seid Ihr denn überhaupt bereit, mir zu glauben, was ich Euch zu erzählen habe?"

„Ja, Messer, das bin ich." Rustichello hält seinem Blick stand. „Ich will von Euch selbst hören, wie es wirklich war."

„Was denkt Ihr? Wäre das ein Stoff, der sich für ein Buch eignen würde?"

„Ich wagte es kaum vorzuschlagen", erwidert Rustichello. „Offen gestanden, Messer, ist das auch der Grund, warum ich mich an Euch wende."

„Ich kann Euch aber keine Geschichte für einen Ritterroman liefern."

„Messer Polo, lasst uns gemeinsam ein Buch schreiben. Es könnte ein Buch werden, das Händlern als Reiseführer gen Osten dient und das seinen Lesern die Wunder der Welt eröffnet."

„So könnte diese unglückliche Gefangenschaft doch noch einen Sinn haben." Langsam erhellt sich Marco Polos Gesicht. „Ich werde meine Familie bitten, mir meine Notizen von der Reise zu senden. Dann kann ich hin und wieder nachsehen, wenn ich mich an manche Einzelheiten nicht mehr so genau erinnere."

Marco Polo reicht Rustichello die Hand. „Lasst uns sogleich zu Werke gehen."

Der Schriftsteller schlägt ein, zieht ein Bündel Papier aus seiner Tasche, das er vorsorglich eingesteckt hat. Marco Polo lehnt sich zurück.

„Ich sollte bei meiner Kindheit beginnen", sagt er. „Als mein Vater Niccolò und Onkel Matteo eines Tages vor unserer Haustür standen. Denn nur so ist zu erklären, wie ich vier lange Jahre bis nach China reiste, ganze sechzehn Jahre dort lebte, für den großen mongolischen Herrscher Kublai Khan arbeitete

„Ich, Meister Rustichello, werde alles ganz getreu darstellen, wie es Messer Marco Polo sagt und beschreibt."

und schließlich nach einer vier Jahre langen Rückreise wieder nach Venedig gelangte. Vierundzwanzig Jahre nachdem ich als Siebzehnjähriger meine Heimatstadt verlassen hatte."

„So soll es sein", sagt Rustichello, nimmt seine Feder, taucht sie in ein Fässchen schwarzer Tinte. „Ihr erzählt und ich schreibe."

Der Poet Rustichello da Pisa notiert mit schwungvoller Schrift auf Papier:

„Kaiser, Könige und Fürsten, Ritter und Bürger – und ihr alle, ihr Wissbegierigen, die ihr die verschiedenen Rassen und die Mannigfaltigkeit der Länder dieser Welt kennenlernen wollt – nehmt dies Buch und lasst es euch vorlesen. Merkwürdiges und Wunderbares findet ihr darin und ihr werdet erfahren, wie sich Groß-Armenien, Persien, die Mongolei, Indien und viele andere Reiche voneinander unterscheiden. Dieses Buch wird euch genau darüber unterrichten; denn Messer Marco Polo, ein gebildeter, edler Bürger aus Venedig, erzählt hier, was er mit eigenen Augen gesehen hat ..."

Die Reise

Eine Kindheit in Venedig

Es pocht an der Tür der Familie Polo in Venedig.

„Wer ist da?" ruft das Dienstmädchen aus dem ersten Stock Richtung Gasse. Es ist früher Nachmittag, im Haus ruhen alle nach dem Essen.

„Eure Herren! Niccolò und Matteo Polo", dringt eine energische, tiefe Stimme von draußen bis in Marcos Zimmer.

„Oh mein Gott!", seufzt das Hausmädchen, rennt die Stufen hinunter.

Einen Moment erstarrt Marco. Sie sind zurück. Sein Vater Niccolò und sein Onkel

Matteo sind tatsächlich zurück. Sein Vater, der große Kaufmann, der auf Handelsreisen gegangen war, als seine Frau mit Marco schwanger war. Der Vater, den Marco noch nie gesehen hat. Von dem ihm Tanten, Onkel und Diener so viel erzählt haben. Oft hat er versucht sich vorzustellen, wie sein Vater wohl aussehen mag, wo er gerade ist, wie er auf einem Pferd über Bergpässe in Asien reitet. Hin und wieder klopften Kaufleute an die Tür, die auf Reisen erfahren hatten, dass Vater und Onkel wohlauf seien. Dann hörte Marco wieder jahrelang nichts. Und er spürte in den Stimmen der Verwandten die Angst, der Vater könnte verschollen sein, krank irgendwo in Persien liegen oder von Räubern umgebracht worden sein.

Marcos Mutter war früh verstorben und so wuchs er bei Verwandten auf. Die Polos sind eine wohlhabende Kaufmannsdynastie. Keine der ganz wichtigen Familien Venedigs. Aber auch keine armen Leute. Einige Verwandte unterhalten ein Geschäft in Konstantinopel, ein Onkel hat ein Geschäft in Sudak am Schwarzen Meer. Die Polos handeln mit Edelsteinen, Stoffen und mit allem, was sich sonst auf den langen Reisen der Kaufleute zu Geld machen lässt: Holz, Salz, Gewürze.

Als kleiner Junge durchstreifte Marco stundenlang die Gassen und Plätze von Venedig, lief am Ufer der Kanäle entlang. Sah zu, wie vor den Palästen und den Lagerhäusern Handelsschiffe entladen wurden. Er roch den Duft von Ingwer bei den Gewürzhändlern, ließ die edlen Stoffe aus Sizilien durch seine Finger gleiten, vernahm die fremden Sprachen der englischen, deutschen und armenischen Händler. Marco hörte das Hämmern in den Werften, in denen Zimmerleute die Galeeren bauten, er lauschte den Erzählungen der Matrosen über Syrien, Zypern und Nordafrika. Oft stellte er sich vor, wie sein Vater und Onkel Matteo vielleicht gerade ein Schiff nach Venedig bestiegen. Auch die Väter seiner Freunde sind häufig unterwegs und kehren erst nach Jahren von Geschäften aus Ägypten, Augsburg oder

„Zu Hause erfährt Messer Niccolò, seine Frau sei gestorben und habe ihm einen fünfzehnjährigen Sohn mit Namen Marco hinterlassen."

Palästina zurück. Dennoch: Marcos Vater und Onkel waren so viel länger weg als die anderen Kaufleute. Marco ist mittlerweile fünfzehn Jahre alt. Es hat Gerüchte gegeben, Matteo und Niccolò Polo seien nach China gereist. Doch was sollten sie dort – bei den Mongolen, die doch angeblich so grausame Barbaren waren? Marco hat den Schauergeschichten gelauscht, welche die Seemänner am Markusplatz über das mongolische Reich erzählten, das sich im Osten ausbreite und immer näher nach Venedig vorrücke. Und jetzt. Jetzt ist der Vater endlich wieder da.

Marco rennt zur Tür. Zwei dunkelhaarige Männer treten in den Hausflur. Zwei Männer, deren Falten vom vielen Reiten in der Sonne tief geworden sind. Ihre Haut ist dunkel gebräunt. „Niccolò, das ist Marco, dein Sohn", stellt Marcos Tante die beiden einander vor. Marcos Vater trägt eine Jacke mit fremdartigen Mustern, wie Marco sie noch nie gesehen hat. Die beiden blicken sich zögernd an. „Sei gegrüßt,

DIE HANDELSMACHT VENEDIG
Venedig war zu Marco Polos Zeit eine sehr reiche Stadt und eine der wichtigsten Mächte am Mittelmeer. Viele Küsten und Inseln lagen in ihrem Herrschaftsgebiet: Konstantinopel, das spätere Istanbul; auch griechische Inseln wie Kreta waren jahrelang Teil der Republik Venedig. Fast die ganze Stadt lebte vom Handel – vor allem mit muslimischen Ländern und Asien. Venezianische Schiffe kreuzten das Mittelmeer, brachten Salz aus Istrien, Getreide aus Sizilien, Gewürze aus Ägypten. Venedigs große Konkurrenten um die Vormacht im Mittelmeergeschäft waren die italienischen Städte Genua und Pisa. Erst im 15. Jahrhundert verlor Venedig immer weiter an Einfluss, während die Niederlande, Portugal und England zu wichtigen Handelsstaaten aufstiegen.

„Marco", sagt der Vater langsam. „Vater", sagt Marco schüchtern, senkt den Blick. Es werden noch viele Tage vergehen, bis Vater und Sohn sich nicht mehr fremd sind. Aufregende Wochen beginnen im Haus der Familie Polo. In den kommenden Tagen sitzen Niccolò und Matteo stundenlang am großen Holztisch, berichten Tanten, Cousins und Nachbarn, was sie erlebt haben. Immer wieder hört Marco den Erzählungen seines Vaters und seines Onkels zu: Wie sie über Konstantinopel auf die Krim reisten. Wie sie beschlossen, weiter im Osten Handel zu treiben – in Gebieten, in welche sich nur wenige Kaufleute vorwagten. Wie sie tagelang über Berge und waldbedeckte Ebenen ritten, tief ins Land des Berke Khan, des Herrschers über das Gebiet der „Goldenen Horde", einen Teil des mongolischen Großreichs. Wie sie von Berke Khan persönlich empfangen wurden: Der Khan saß auf einem vergoldeten Thron. Niccolò und Matteo überbrachten ihm Edelsteine und Schmuck, der mongolische Herrscher beschenkte sie mit dem Doppelten an Wert. Nachdem sie ein Jahr im Reich des Berke Khan Geschäfte gemacht hatten, wollten Niccolò und Matteo zurück nach Venedig. Doch ein Krieg brach aus, der Weg war versperrt. Die Brüder beschlossen: „Da wir mit unserer Ware nicht nach Konstantinopel zurückkehren können, nehmen wir die Ostroute, so gelangen wir auf Umwegen heim." Sie durchquerten Wüsten, sahen Karawanen, die nach Turkestan zogen. Schließlich kamen sie in Buchara an, einer großen Handelsstadt. Bald brach auch dort ein Krieg aus. So mussten die Polos drei Jahre in Buchara bleiben. Sie lernten in dieser Zeit Persisch und Mongolisch – Sprachen, die im Handel nützlich sein konnten.

Im Jahr 1264 begegneten sie einem Gesandten aus einem anderen Teilreich der Mongolen, dem Il-Khanat in Persien. Der Gesandte war auf dem Weg zu Kublai Khan, dem obersten Herrscher aller Mongolen, der in China residierte. Der Gesandte war überrascht, in Buchara zwei Venezianer anzutreffen. Er sagte zu den Brüdern Polo: „Der oberste Herrscher der Mongolen hat noch nie einen Europäer gesehen; die Zusammenkunft mit einem Europäer ist sein sehnlichster Wunsch. Daher kann ich Euch versichern, dass er sich sehr freuen wird, wenn Ihr mit mir zusammen an seinen Hof kommt. Er wird Euch ehrenvoll empfangen. In meiner Begleitung reist Ihr sicher und unbehelligt." Niccolò und Matteo beratschlagten sich und willigten ein, mit ihm nach China zu reisen. Ein Jahr ritten sie auf Pferden und Kamelen, bis sie schließlich von Kublai, dem Enkel

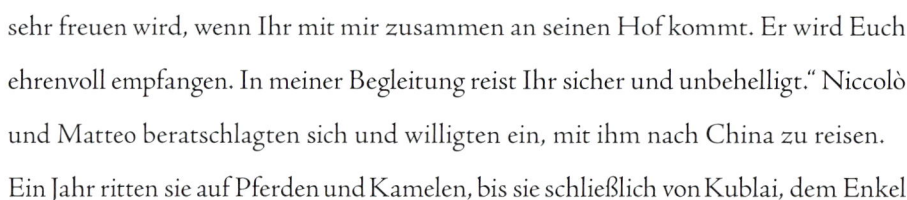

des großen Dschingis Khan und mächtigsten Herrscher der Welt, empfangen wurden. Der Khan war neugierig, wollte alles über Europa wissen: Wie die Kaiser dort regierten, wie sie Krieg führten, wie Europäer lebten und woran sie glaubten. Ein gebildeter und toleranter Mann war Kublai, kein Barbar, wie in Europa oft über ihn behauptet wurde. Schließlich bat der Khan die Brüder Polo, für ihn zum Papst zu reisen. Sie sollten in seinem Namen den Papst bitten, ihm hundert christliche Gelehrte zu schicken. Eine Freundschaftsgeste gegenüber dem Papst.

An dieser Stelle der Erzählung zieht Niccolò Polo stets eine Goldtafel aus der Jackentasche. Ein Rechteck aus massivem Gold, auf dem Marco fremdartige Zeichen sieht. „Dies überreichte uns Kublai Khan vor der Abreise. Darauf steht geschrieben, dass jedermann verpflichtet ist, uns auf der Reise zu beherbergen, uns Pferde und Begleiter zur Verfügung zu stellen", erklärt Matteo. Und dann berichtet der Vater vom letzten Teil der Reise: Nach drei Jahren über Berge und Ebenen, durch Wüsten und Schneestürme erreichten die beiden Polos das Mittelmeer. Dort erfuhren sie, dass der Papst gestorben, ein neuer Papst aber noch nicht gewählt sei. „Und so kehrten wir schließlich nach Venedig zurück", beschließt Marcos Vater.

Niccolò und Matteo Polo wollen so schnell wie möglich wieder nach China aufbrechen. Sobald ein neuer Papst gewählt ist, werden sie losfahren.

Diesmal soll Marco mitkommen. Aus dem fünfzehnjährigen Marco soll der Kaufmann Messer Marco Polo werden, der bis China reisen wird.

DSCHINGIS KHAN UND DAS MONGOLISCHE REICH

Anfang des 13. Jahrhunderts, rund 50 Jahre vor Marco Polos Geburt, begannen die Mongolen unter Dschingis Khan ihren Eroberungsfeldzug gen Westen und Süden. Jahr für Jahr brachten sie neue Gebiete unter ihre Herrschaft: zuerst in Asien, dann sogar in Osteuropa. Schließlich kamen sie über Ungarn und Polen bis kurz vor die Tore Wiens, hatten einen großen Teil Chinas und Arabiens erobert. Die Mongolen waren geschickte Reiter und konnten so die Europäer in ihren schweren Ritterrüstungen leicht besiegen. Zu Lebzeiten von Marco Polo war das mongolische Weltreich unter den Nachkommen Dschingis Khans aufgeteilt. Ihr oberster Herrscher, der gleichzeitig über fast ganz China befehligte, war Kublai Khan, ein Enkel Dschingis Khans. Kublai galt damals als der mächtigste Mann der Welt.

Die Abreise

Ein klarer Tag im Frühjahr 1271. Rund dreißig Schiffe legen in Venedig ab, rudern den Canal Grande entlang, gleiten am Markusplatz vorbei. Bis die Türme und Paläste der Stadt nur noch wie ein fernes Bild am Horizont erscheinen, die langen, scharlachroten Riemen tief in die Wellen stechen und der rauere Seegang der Adria außerhalb der Lagune von Venedig die Galeeren schwanken lässt.

Auf einem der Schiffe steht Marco Polo mit Niccolò und Matteo. Marco ist siebzehn Jahre alt. Ein junger Mann auf seiner ersten großen Reise. Auf Galeeren und kleinen Booten, über ferne Meere und auf dem Rücken von Pferden und Kamelen wird er die nächsten Monate reisen. Endlich.

Zwei Jahre sind vergangen, seitdem Vater und Onkel nach Venedig zurückgekommen sind. Doch noch immer ist kein neuer Papst gewählt. Niccolò und Matteo wollten Kublai Khan nicht länger warten lassen. Sie beschlossen loszusegeln – auch ohne die hundert christlichen Gelehrten, um die sie der Khan gebeten hatte. Marco konnte es kaum erwarten, endlich selbst die fernen Länder zu sehen, von welchen Vater und Onkel erzählt hatten.

Die Galeeren und Segelschiffe fahren jetzt in einem Konvoi langsam die Adria entlang: Galeeren mit bunt gestreiften Segeln, mächtigen Riemen, dazu die schlanken Segelschiffe. Zwei Mal im Jahr sticht die „muda", der Geleitzug aus dreißig bis vierzig Schiffen, in See. In der großen Gruppe kann sich die Besatzung besser vor Piratenüberfällen schützen.

An Bord sind neben Matrosen und Kaufleuten auch Pilger, die ins Heilige Land wollen: reiche Bischöfe und Fürsten, arme Frauen und einfache Mönche, die nach Jerusalem und Bethlehem reisen, um dort zu beten und die Orte zu sehen, an welchen Jesus gelebt hat.

Wochenlang dauert die Seereise. An manchen Tagen ist das Meer so stürmisch, dass hohe Wellen über die Reling brechen, sich viele Passagiere vor Übelkeit übergeben. An anderen Tagen ist das Meer glatt und ruhig. Am Horizont taucht immer wieder die italienische Küste auf und verschwindet wieder. Manchmal müssen alle Fahrgäste von einer Seite der Galeere zur anderen eilen, um dem Schiff ein Manöver zu erleichtern.

Es ist nicht das erste Mal, dass Marco an Bord eines Schiffes ist. Wie fast alle Venezianer hat er als Kind gelernt, wie man Schiffe steuert. Eine Seereise macht ihm längst keine Angst mehr.

Nach Tagen, als sie die letzten Ausläufer Süditaliens sehen, trennt sich ein Teil des Geleitzuges ab: Einige Schiffe werden nach Apulien in Süditalien weiterfahren, andere nach Alexandria in Ägypten oder nach Marokko. Marcos Galeere fährt mit der „muda di Siria" vorbei an den griechischen Inseln und Zypern.

Ziel ihrer Schiffsreise ist der Hafen von Akko im östlichen Mittelmeer. Von dort wollen die drei Polos Öl aus der Lampe des Heiligen Grabes in Jerusalem holen, um das sie Kublai Khan gebeten hat.

Es ist Frühsommer, als Marcos Galeere im Hafen von Akko einläuft. Von Weitem sieht er die Türme der Stadt. Ein Damm schützt den Hafen. Im Süden erstreckt sich ein weiter Sandstrand in Richtung des Fischerdorfs Haifa. Händler rennen an den Uferstraßen entlang, rufen etwas auf Arabisch, Provenzalisch oder Fränkisch. Kreuzritter mit weißen Umhängen spazieren auf einer Mole entlang. Ein Kamel ist vor einem Haus festgebunden, döst in der Mittagshitze.

Marco, Matteo und Niccolò Polo gehen sogleich in das venezianische Viertel am Rande des Hafens. Dort werden sie übernachten. Marco sieht die Fahne seiner Stadt Venedig über einem Palast wehen. Im Erdgeschoss der Häuser sind Geschäfte geöffnet. Überall hört Marco venezianischen Dialekt. Es ist fast wie zu Hause.

Nach einigen Tagen bitten Niccolò und Matteo um ein Gespräch mit Tedaldo Visconti. Der Italiener ist der päpstliche Gesandte in Akko. Niccolò und Matteo kennen ihn bereits von ihrer ersten Reise und Tedaldo Visconti weiß von ihrer Mission für Kublai Khan.

Visconti lässt sie kommen und gestattet ihnen, nach Jerusalem zu reisen, um das heilige Öl zu holen.

Eine gefährliche Reise, da Pilger und Händler häufig auf dem Weg dorthin überfallen werden. Die Polos machen sich sogleich auf den Weg, ziehen durch grüne Ebenen und trockene Täler, vorbei an Beduinen mit ihren Schafherden, die sie misstrauisch beäugen, weil sie Angst haben, christliche Kreuzritter könnten sie überfallen.

Doch die drei Polos kehren heil wieder aus Jerusalem zurück, im Gepäck ein Fläschchen mit dem kostbaren Öl. Zurück in Akko bekommen sie die Botschaft, dass sie erneut von Tedaldo Visconti empfangen werden.

DAS REICH DER KREUZRITTER
Zu Marco Polos Zeit war Akko Teil des Kreuzfahrerstaates, des Königreichs Jerusalem. Damals waren Kreuzritter aus Europa ins Heilige Land gezogen, um Jerusalem und alle Stätten, an welchen Jesus gelebt und gelehrt hatte, zu erobern. Auf ihren Kreuzzügen gelang ihnen das zunächst – meist in sehr blutigen, recht unchristlichen Schlachten gegen die einheimischen Muslime. Häufig spielten bei den Kreuzzügen aber auch ganz andere Interessen eine Rolle: Venedig und andere Handelsstädte nutzen die neue Verbindung in den Nahen Osten, um Handel zu treiben.

ES IST NACHMITTAG. Draußen flirrt die Sommerhitze. Die Mauern des Legatenpalastes spenden angenehme Kühle. Tedaldo Visconti sieht nachdenklich zum Fenster hinaus. „Herr", sagt Matteo Polo, „wir sehen, noch ist kein Papst ernannt. Wir aber wollen zurück zum obersten Herrscher, wir sind schon viel zu lange hier geblieben."

Visconti blickt von einem zum anderen. Marco, Niccolò und Matteo sind angespannt.

Schließlich nickt Tedaldo Visconti: „Ich verstehe und billige Eure Absicht, zum obersten Herrscher zurückzureisen."

Tedaldo Visconti verfasst einen Brief, in dem er Kublai Khan schreibt, dass es derzeit keinen Papst gebe und die Polos deswegen seine Botschaft nicht

DAS ENDE DES KREUZFAHRERSTAATES

Araber versuchten bald, das Land zurückzuerobern, das die Kreuzritter besetzt hatten. Als Marco Polo in Akko an Land geht, ist die Stadt eine der wenigen verbliebenen Kreuzfahrerbastionen. Auf der Rückreise wird Marco nicht mehr über Akko fahren können, weil die Stadt nun für viele Jahrhunderte in muslimischer Hand sein wird und die Kreuzfahrer endgültig aus dem Nahen Osten vertrieben sind.

HAIFA UND AKKO
Akko und Haifa gehören heute zu Israel. Im 13. Jahrhundert war die Siedlung am Fuß des Karmelberges nur ein Fischerdorf, mittlerweile ist Haifa die drittgrößte Stadt Israels mit rund 267 000 Einwohnern. Akko ist dagegen heute viel kleiner als Haifa: Rund 46 000 Menschen leben in der Kleinstadt.

überbringen konnten. So können die drei Polos belegen, warum sie ohne die hundert Gelehrten zu Kublai zurückkehren.

Als sie aus dem Palast treten, ist es später Nachmittag. Ein Händler mit einem Eselskarren läuft an ihnen vorbei. Marco denkt an die Reise, die ihm bevorsteht. Von jetzt an werden sie durch Gebiete ziehen, in welchen keine venezianische Flagge mehr weht. In welchen die Menschen Sprachen sprechen, die er nicht kennt. Vor ihnen liegt das fremde Asien.

Zwei ängstliche Mönche für den Großkhan

„Halt! Bleibt stehen!", ruft ein Reiter, der sich in schnellem Galopp nähert. „Seid Ihr die Kaufleute Polo?"

„Das sind wir", antwortet Matteo Polo und wirft Niccolò einen unsicheren Blick zu.

„Was wollt Ihr von uns?"

„Ich bringe Euch eine Nachricht von Tedaldo Visconti. Messer Niccolò, Messer Matteo, Messer Marco, Ihr möchtet zurück nach Akko kommen", ruft der Reiter außer Atem. „Der Papst ist gewählt. Es ist Tedaldo Visconti selbst!"

„Tedaldo Visconti wurde zum Papst gewählt?", sagt Matteo Polo.

„Ja, er nennt sich jetzt Papst Gregor X.!"

Ein paar Tagesreisen sind die drei Polos schon von Akko entfernt: Sie sind in Ayas an der türkischen Küste. In der Stadt wimmelt es wie in Akko von venezianischen Kaufleuten. Muslimische Händler verkaufen Baumwolle aus Syrien. An den

Marktständen werden Gewürze, Seide und goldgewirkte Stoffe angeboten. Von hier wollten sie weiter auf den großen Karawanenstraßen in das Landesinnere. „Dann lasst uns umkehren", beschließt Marcos Vater. „Vielleicht können wir unsere Mission für den Khan nun doch erfüllen."

DIE RÜCKKEHR NACH AKKO ist einfacher als erwartet: Der armenische König, der über Ayas herrscht, lässt eine Galeere zu Ehren der Polos ausrüsten und so erreichen die Venezianer schnell und sicher die Kreuzfahrerstadt.

Dort begeben sie sich sofort zum Palast von Tedaldo Visconti. Die drei Venezianer verneigen sich vor dem neu gewählten Papst, küssen ihm die Füße. Tedaldo Visconti segnet sie. „Seid gegrüßt! Welch Glück, dass ich Euch noch erreiche. Bitte gebt mir das Schreiben an Kublai Khan zurück", sagt Tedaldo Visconti. Marcos Vater reicht ihm die Papierrolle. Der künftige Papst zerreißt sie in kleine Stücke. „Ich werde jetzt einen neuen Brief verfassen." Während die Polos auf einer Bank mit roten Polstern warten, diktiert Visconti ein Schreiben an den Mongolenherrscher.

„Eine Bitte des Khans kann ich jedoch noch immer nicht erfüllen", wendet sich Tedaldo Visconti wieder an die Polos. „Ich bin zwar gewählt, aber noch nicht offiziell zum Papst ernannt. Es ist mir unmöglich, so schnell hundert Gelehrte herzubeordern, die mit Euch nach China reisen." Visconti nickt einem Diener zu. „Ich habe mir eine schnellere Lösung ausgedacht. Zwei Dominikaner werden mit Euch kommen. Es sind kenntnisreiche Männer. Die beiden befinden sich zufällig in Akko."

EUROPÄISCHE REISENDE IN CHINA
Niccolò, Matteo und Marco Polo waren nicht die einzigen Europäer, die tief in das mongolische Reich vordrangen. Beunruhigt über die Eroberungsfeldzüge, fürchteten die europäischen Oberhäupter, auch ihre Länder könnten unter mongolische Herrschaft geraten. Eine Vorstellung, die vielen Angst machte, denn die Europäer hielten die Mongolen für Barbaren. Deshalb schickten sowohl Papst Innozenz IV. als auch der französische König Ludwig IX. in den 40er-Jahren des 13. Jahrhunderts Gesandte zu den Mongolen.

Zwei Mönche treten in den Raum. Sie tragen weiße Kutten und schwarze Umhänge. „Ich darf Euch Bruder Niccolò aus Vicenza und Bruder Wilhelm aus Tripolis vorstellen", sagt Tedaldo Visconti. Die Dominikaner nicken den Venezianern zu. Tedaldo Visconti übergibt den Mönchen das Schreiben, das sie als päpstliche Gesandte ausweist. Ein Diener hat Geschenke für Kublai Khan gebracht: Kristallvasen, welche die Mönche dem Mongolenherrscher überreichen sollen.

AM NÄCHSTEN TAG segeln die Polos mit den Dominikanern auf der Galeere des armenischen Königs zurück nach Ayas. Die Mönche sind aufgeregt. Und sie scheinen nicht halb so erfreut über das große Abenteuer zu sein wie Marco. Er beobachtet, wie sie miteinander flüstern. Als sie in Ayas von Bord gehen, hören die Polos Gerüchte, dass der ägyptische Sultan mit seinen Truppen in die Gegend vorrückt. Der Krieg könnte in die Nähe ihrer Route kommen. Die beiden Mönche bekommen Angst. Sie wollen nicht weiter. Schließlich drücken sie den Polos ihre Schreiben sowie die Geschenke in die Hand und verfassen einen Brief, in dem sie begründen, weshalb sie nicht nach China kommen. Und schon sind die beiden Dominikanermönche im Trubel der Gassen von Ayas verschwunden.

EUROPÄISCHE HÄNDLER IN ASIEN
Früher als Papst oder Könige hatten die Händler Europas Kontakt zu den Mongolen. Denn die Kaufleute begriffen schon zu Beginn des Jahrhunderts, dass sie mit den Mongolen gute Geschäfte machen konnten: Seide, Gewürze, Farben, Perlen, Edelsteine und Stoffe aus Asien kamen so bis nach Europa. Genuesen und Venezianer lieferten dafür Woll- und Leinenstoffe, Uhren und Gläser. Denn sobald sich das mongolische Weltreich verfestigt hatte, waren die Handelswege sicherer, mussten weniger Grenzen überquert werden – hervorragende Bedingungen für Kaufleute wie die Polos, die schnell feststellten, dass die mongolischen Oberhäupter keineswegs Barbaren waren, sondern – wie Kublai Khan – häufig sehr gebildete Menschen.

„Nun denn", sagt Marcos Vater. „Wir werden auch ohne diese beiden Mönche nach China kommen. Schließlich haben wir noch die Goldtafel des Khans, die uns Hilfe und Sicherheit in den mongolischen Teilreichen gewährt."

Der Beginn der langen Reise

Vom frühen Morgen bis zur Abenddämmerung sind Marco, Niccolò und Matteo Polo unterwegs. Sie reiten durch Anatolien nach Persien, vorbei an grünen Weiden, hohen Bergen und Silberbergwerken. Marco trinkt vom kühlen, klaren Quellwasser im Gebirge, er streicht auf den Märkten der Städte vorsichtig über scharlachrote Seidenstoffe und Teppiche. Immer wieder hört er in Dörfern und Städten den Muezzin, der Muslime fünfmal am Tag zum Gebet ruft.

An den ersten Tagen schmerzen Marco Rücken und Beine vom vielen Reiten. Als Stadtkind ist er es nicht gewohnt, so viele Stunden hoch zu Ross zu verbringen. Stocksteif springt er abends vom Pferd, seine Oberschenkel sind ganz verkrampft. Doch bald gewöhnt er sich an die vielen Stunden im Sattel.

Langsam zieht der Herbst herauf und bringt mildere Temperaturen. Die große Hitze ist vorüber, auf dem Gipfel des Berges Ararat glitzert der Schnee. An manchen Tagen regnet es so stark, dass sie bei Sonnenuntergang völlig durchnässt in ihrer Unterkunft ankommen.

Meist übernachtet Marco zusammen mit seinem Vater und Onkel in Karawansereien. In den Herbergen bekommen sie Abendessen, können ihre Pferde unterstellen und ihnen zu fressen geben. Manchmal binden sie ihre Tiere neben Kamelen anderer Reisender im Stall der Karawanserei an. Wenn die Pferde erschöpft sind, können die Polos sie tauschen und am nächsten Tag auf ausgeruhten Tieren weiterreiten – so wie es die Goldtafel des Khans besagt.

Manche Unterkünfte sind so luxuriös, dass die Polos ein eigenes Schlafzimmer bekommen. In anderen Herbergen übernachten sie in großen Schlaflagern. Oft schützen hohe Mauern die Gebäude vor Dieben. Im Abstand von dreißig bis vierzig Kilometern sind Karawansereien zu finden – so lange ist in der Regel die Tagesetappe einer Karawane.

In den Herbergen sprechen Niccolò und Matteo mit den anderen Reisenden, die unterwegs sind nach Persien, Georgien oder Bagdad. „Wie viel kostet die Baumwolle bei Euch?", hört Marco sie fragen. „Woher stammt die Seide, die Ihr auf Eure Kamele geladen habt?" oder „Wie viel verlangt Ihr für den Brokat?" Er belauscht, wie andere Kaufleute über die Erdölquellen an der Grenze zu Georgien erzählen, die so ergiebig sind, dass hundert Schiffe gleichzeitig beladen werden können. Ein Öl, das sich als Brennstoff eignet und das auch in Salben verarbeitet wird.

Marco, Niccolò und Matteo durchqueren das Reich der Il-Khane, ein Teilreich des großen mongolischen Weltreichs. Die Mongolen sorgen dafür, dass den Reisenden nichts geschieht. In gefährlichen Gegenden bekommen die Polos bewaffnete Reiter zur Seite gestellt, die misstrauisch den Blick über die Hügel streifen lassen und sie erst wieder verlassen, wenn sie friedlichere Landstriche erreichen.

Im Norden Persiens erheben sich riesige Berge mit zerklüfteten, grauen Felsen vor ihnen. An manchen Tagen schaffen die drei Kaufleute nur wenige Kilometer, weil sie über steile Bergpässe reiten müssen. Manchmal sind die Pfade so schmal, dass die Pferde ins Rutschen kommen. Abends streift die Sonne langsam die Spitzen der Gebirge, taucht sie in ein dunkles Orange.

Bald erreichen die drei Kaufmänner die Stadt Täbris, die von üppigen Obstgärten umgeben ist. In den Geschäften sieht Marco, wie aus Seide herrliche Tücher genäht werden. In der Stadt wohnen Christen, Muslime, Buddhisten und Anhänger alter persischer Religionen.

Auf den Basaren prüfen Niccolò und Matteo, wie viel die Edelsteine aus Asien

wert sind. Marco versucht, sich alles einzuprägen: wie sein Vater und sein Onkel verhandeln, wie sie auf dem Basar feilschen, wie sie Persisch sprechen. Schnell versteht er erste Worte und Sätze in der fremden Sprache.

Besonders gerne handeln Niccolò und Matteo mit Edelsteinen – denn die Ware ist gut auf der langen Reise zu transportieren. Wenn sie Rubine oder Diamanten

„Schnee, Regen und hochgehende Flüsse behinderten die Reisenden; zur Winterszeit konnten sie nicht reiten wie im Sommer."

gekauft haben, nähen sie den Schmuck in ihre Kleider ein, sodass andere Reisende nicht sehen können, welch wertvolle Güter sie bei sich tragen.

Die Monate vergehen und Marco gewöhnt sich an die Herbergen, die fremden Sprachen und Speisen. Er versucht sich alles, was er sieht, einzuprägen, damit er später in Venedig davon erzählen kann. Manchmal macht er sich Notizen: wie viele

Tagesreisen er von einer Stadt zur nächsten braucht, ob man unterwegs Proviant kaufen kann und womit in den Städten gehandelt wird. Er bewundert die mächtigen Streitrosse, die in Persien gezüchtet werden, und die kräftigen Esel, auf deren Rücken Händler ihre Waren transportieren. Er genießt den Schatten der Palmen, die in den Ebenen wachsen. Marco sieht Paradiesäpfel und kostet Pistazien.

Die Polos reiten über flaches Land und durch Wälder, in welchen Rebhühner und Wachteln leben. Sie begegnen Persern, die Türkise in den Bergen abbauen, und Arbeitern in Erzminen. In den Werkstätten der Dörfer fertigen Handwerker Ausstattungen für Ritter wie Zaumzeug, Schwert und Sattel. Die Frauen besticken Seidenstoffe mit Tiermustern.

Marco schreibt sich auch Anekdoten auf, die ihm Einheimische erzählen. So wie die Geschichte der Eroberung Bagdads durch die Mongolen:

Einst gehörte dem Kalifen von Bagdad der größte Schatz an Gold, Silber und Edelsteinen, den je ein Mensch besessen hatte. Doch im Jahr 1258 nach Christus fielen die Mongolen ein und eroberten die Stadt. Als der Mongolenführer Hulagu, Herrscher des Ostreiches, den Turm des Kalifen entdeckte, staunte er: Der Turm war voller Gold und Silber.

Hulagu ließ den Kalifen rufen und fragte ihn, warum er mit all seinen Schätzen nicht mehr Soldaten und Reiter bezahlt hätte, um die Stadt gegen die Mongolen zu verteidigen. Doch der Kalif wusste keine Antwort.

Daraufhin ließ Hulagu den Kalifen ohne Nahrung in seinen Turm einsperren. Hulagu sagte zum ihm: „Iss, so viel du magst, von deinem Gold und Silber, das ist ab heute deine einzige Speise." So merkte der Kalif, dass er all seine Reichtümer und all das Geld nicht essen konnte und besser für sich und seine Untertanen verwendet hätte, anstatt es aus Geiz zu horten.

Der Überfall von Nogodar

Ein trüber Tag in Persien. Die Wolken hängen so dicht, dass es scheint, als würde es überhaupt nicht hell. Marco, Niccolò und Matteo haben in einem Dorf gegrilltes Lammfleisch zu Mittag gegessen und nun reiten sie mit vollen Bäuchen über eine weite Ebene, auf der nur vereinzelt Bäume wachsen.

Marco muss sich anstrengen, um nicht auf seinem Pferd einzuschlafen. Er hat einfach zu viel gegessen. Sie reisen mit ein paar anderen Männern: Kaufleuten, die wie sie zum Hafen von Hormos am Persischen Golf wollen. „Wir reiten besser zusammen", hatte ein älterer Mann mit roter Jacke gesagt, den sie im Gasthaus getroffen haben. „In der Gegend gibt es viele Räuber. Sie kommen von Indien bis hierher. Man erzählt sich, sie könnten sogar den Himmel verdunkeln."

„Nun, heute ist es ja ohnehin schon nicht besonders hell. Da müssten sie sich die Mühe gar nicht machen", hat Matteo im Scherz zu Marco und Niccolò auf

„Nun wisst Ihr allerhand über jenes Flachland und über das Volk, welches den Tag verfinstert, sobald es auf Raubzüge geht."

Venezianisch gegrummelt und dann den Kaufleuten auf Persisch geantwortet: „Es wäre uns eine Ehre, wenn Ihr uns begleitet. Lasst uns zusammen aufbrechen."
Nun trotten ihre Pferde seit gut zwei Stunden gemächlich dahin, ab und zu schreit der Esel, auf den ein junger Kaufmann Stoffe geladen hat. Niccolò fragt den persischen Kaufleuten mal wieder Löcher in den Bauch: nach Preisen für dies und jenes, über den Hafen von Hormos, wie die Schiffe dort beschaffen seien und ob die drei Polos dort ein Schiff nach Indien oder sogar nach China besteigen können.

Irgendwo kreischt ein Vogel.

Pferdegetrappel nähert sich. Schneller Galopp.

Die persischen Kaufleute blicken um sich. Aus einem Wald taucht ein Pulk Reiter mit Turbanen und mandelförmigen Augen auf. Sie preschen auf die Reisegruppe der Polos zu.

Ein Mann schreit: „Räuber! Weg hier!" Seine Stimme überschlägt sich.

Marco treibt sein Pferd an, reitet, so schnell er kann, hinter Niccolò, Matteo und dem persischen Kaufmann mit der roten Jacke her.

„Wir müssen das nächste Dorf erreichen, bevor sie uns einholen. Dort sind wir vor den Banditen sicher", ruft der Kaufmann, während sein Pferd über die Felder rast. Marco hat das Gefühl, dass sich der Abstand zwischen ihm und seinem Vater vergrößert. Hinter sich hört er einen anderen Kaufmann schreien. Marco blickt sich kurz um, sieht er, wie ein Räuber seinen Dolch an die Kehle des Kaufmanns hält. Marco treibt sein Pferd an. „Schneller!", schreit er.

Eine halbe Stunde später. Marco wagt es nicht mehr, sich umzusehen. Er hat wieder aufgeholt zu seinem Vater und seinem Onkel. Vor Niccolò und Matteo tauchen die ersten sandfarbenen Häuser auf. Das Dorf. Sie haben das Dorf erreicht. Die Flüchtenden verlangsamen ihren Ritt. Marco spürt plötzlich die Knöchel an seinen Händen, welche die ganze Zeit krampfhaft die Zügel festgehalten haben.

Vier ihrer Mitreisenden erreichen das Dorf ein paar Minuten nach ihnen. Die Männer konnten flüchten, obwohl die Räuber sie schon eingeholt hatten. Sie hatten noch gesehen, wie einige ihrer Reisegefährten getötet wurden. Andere hatten die Banditen gefesselt, um sie als Sklaven zu verkaufen.

„Marco", sagt Niccolò und legt seinem Sohn die Hand auf die Schulter. „Wir haben es geschafft."

Im Hafen von Hormos

Die Sonne brennt vom Himmel. Es ist keine trockene Hitze mehr wie vor einigen Wochen auf ihrem Weg durch das Landesinnere. Hier am Persischen Golf ist die Luft feucht und drückend. Schlimmer als im Hochsommer in Venedig, wenn die Luft kurz vor einem Gewitter schwül und schwer ist. Bei jeder Bewegung läuft Marco der Schweiß den Rücken hinunter. Gleichzeitig brennt die Sonne so stark, dass Marcos Wangen gerötet sind.

Zwei Wochen sind seit dem Überfall vergangen: Fünf Tage lang durchqueren die Polos die Ebene, in welcher die Räuber lauerten, dann mussten sie einen schmalen Pfad bergab reiten. Schließlich durchritten sie eine Ebene mit Dattelpalmen, klaren Bächen und dem Gezwitscher von Vögeln, das sie fast den ganzen Tag begleitete.

Je näher sie der Küste kamen, desto schwüler wurde die Luft. Nun reiten die Venezianer auf den Hafen der Stadt Hormos zu. Dort legen Schiffe aus Indien an. Sie bringen Gewürze, Seide, Edelsteine und Perlen aus Asien.

„Vorsicht vor dem Dattelwein in Hormos", hatten andere Kaufleute gewarnt. „Die meisten Fremden, die davon kosten, bekommen schrecklichen Durchfall."

Marco, Niccolò und Matteo Polo lenken ihre Pferde durch die Gassen der Stadt. An den Ständen verkaufen Händler Datteln und gesalzenen Thunfisch. Auf dem Markt türmen sich riesige Haufen von Zwiebeln. Der Schatten der eng gebauten Häuser bringt ein wenig Abkühlung.

Je näher sie dem Hafen kommen, desto lauter wird es. Ein wildes Stimmengewirr hallt von den Häuserwänden wider: Persische Händler rufen laut irgendetwas zu Matrosen auf den Schiffen, deren Segel eingeholt sind. Kamele stehen am Kai.

Ein Händler lässt sein Dromedar hinlegen, das erst blökend auf die Vorderläufe niedersinkt, dann den wankenden Körper zu Boden fallen lässt.

Ein dichtes Gedränge herrscht am Hafen. Dromedare und Pferde stehen Seite an Seite. Kamelführer bepacken die Rücken der Tiere mit Bündeln von Seide und Elfenbein, aus welchem später Schmuck geschnitzt wird.

„Mein Gott, sieh dir diese Schiffe an", ruft Matteo entsetzt. „Siehst du das, Niccolò? Diese indischen Schiffe sind nicht mit Eisennägeln gefugt, sondern nur mit Schnüren geheftet."

„Sehen die alle so aus?", brummt Niccolò.

„Marco, bleib hier und pass auf unsere Pferde auf. Dein Vater und ich werden uns ein wenig umsehen, ob wir irgendwo vernünftige Schiffe finden."

Marco bleibt mit den drei Pferden zurück. Er stellt sich in den Schatten einer Mauer, versucht, sich ein wenig Luft zuzufächeln.

„Das Klima ist ungesund, die Hitze ist kaum zu ertragen. Wenn ein fremder Kaufmann hier stirbt, dann bemächtigt sich der König seiner ganzen Habe."

HORMOS
Die einst so lebendige Hafenstadt am Persischen Golf existiert heute nicht mehr. Nur noch Spuren einer seit Jahrhunderten verlassenen Befestigungsanlage blieben erhalten.

Eine halbe Stunde später sieht Marco, wie sein Vater und sein Onkel wieder aus dem Gewirr von Hormos auftauchen. „Wir können unmöglich mit diesen Schiffen reisen. Das ist viel zu gefährlich. Die Holzplanken sind mit Schnüren aus Kokosfasern befestigt. Die Schnüre halten zwar dem Salzwasser stand, doch bei heftigen Stürmen reißen sie leicht", sagt Matteo. „Und das bei den schlimmen Stürmen im Indischen Ozean. Wir gehen nicht an Bord. Dieses Risiko gehen wir nicht ein."

„Ich fürchte, wir werden auf dem Landweg nach China reisen müssen", erklärt Niccolò. „Das dauert zwar länger, ist aber sicherer, als auf diesen Kähnen zu fahren. Lasst uns so schnell wie möglich umkehren. Wir werden einen Teil des Weges zurückreiten müssen und dann auf den großen Karawanenstraßen entlang der Berge des Hindukusch nach China gelangen."

„Lasst uns zuvor noch Wasser und Proviant besorgen, vielleicht können wir auch Perlen günstig erwerben", überlegt Matteo. „Und lasst uns eine Karawane finden, der wir uns anschließen können. Denn wir müssen die Wüste Lut durchqueren. Acht Tage werden wir dort kein Wasser finden. Da ist es besser, wenn wir mit anderen Kaufleuten zusammen unterwegs sind." Die drei Venezianer steigen auf ihre Pferde und verschwinden gen Norden in den Gassen der Stadt.

Krank am Hindukusch

Monatelang sind sie nun schon wieder im Sattel. Hormos mit seinen abenteuerlichen Schiffen liegt weit hinter den drei Venezianern. Die Polos haben die persische Wüste Lut durchquert und sind nun in Afghanistan. Immer wieder schließen sie sich neuen Karawanen an.

Sie ziehen durch menschenleere, trockene Gegenden, deren Wasser bitter schmeckt. Dann wieder kommen sie durch dicht besiedelte Landstriche. Im afghanischen Shibarghan probiert Marco die Melonen. „Das sind die besten der Welt!", notiert er. Überall vor den Häusern trocknen die Bewohner Melonenscheiben in der Sonne. So halten sie sich lange und werden noch süßer. „Süßer als Honig", stellt Marco fest.

Viele Tagesreisen später durchqueren sie Balkh im Norden Afghanistans: Einst war Balkh eine schöne und vornehme Stadt – mit Palästen und Häusern aus Marmor. Doch Dschingis Khan hatte all seine Bewohner umbringen lassen. Ein halbes Jahrhundert ist seitdem vergangen. Noch immer liegen die Trümmer in der Stadt: Marmorblöcke einstiger Villen türmen sich zu meterhohen Schuttbergen, von den Palästen sind nur noch Ruinen übrig.

Die Polos reiten weiter Richtung Nordosten. Zwölf Tage lang sehen sie keinen Menschen. Die Bewohner sind in die Berge geflüchtet, weil sie im Tal von Räuberbanden angegriffen wurden. Die Polos sind an der Grenze des Reichs der Il-Khane von Persien angelangt. Oft kommt es hier zu Kämpfen. Khaidu, der Herrscher des nördlichen mongolischen Teilreichs, schickt Raubzüge in Richtung der großen Karawanenstraßen. Khaidu ist ein Gegner des obersten mongolischen

Herrschers Kublai und stiftet Unruhe innerhalb des mongolischen Großreichs. Eine gefährliche Gegend, durch welche die Polos ziehen müssen.

Auf der Reise hört Marco die Legende der persischen Assassinen:

Ein Mann, den die Menschen „den Alten vom Berge" nannten, lebte einst in einem Tal, in dem er herrliche Gärten anlegen ließ. Früchte aus aller Welt gediehen dort, Villen und Paläste ließ er erbauen, in deren Leitungen Wein, Honig, Wasser und Milch flossen. Hübsche Jungfrauen machten Musik, tanzten und sangen. Ein Paradies auf Erden. Fast wie es im Koran, der heiligen Schrift der Muslime, beschrieben wird. Der Alte verabreichte jungen Männern außerhalb seines Tales einen Trank, der sie in tiefen Schlaf versetzte. Er ließ sie in seinen Garten bringen, und als sie aufwachten, dachten sie, sie seien im Paradies. Dort genossen sie ihr Leben. Wenn der Alte aber einen Mord plante, ließ er einen Mann wieder den Schlaftrunk zu sich nehmen. Der Schlafende wurde aus dem Palast geschafft. Wenn er aufwachte, war er unglücklich darüber, das Paradies verlassen zu haben. Der Alte befahl dem jungen Mann, dem „Assassinen", den Mord für ihn zu begehen. Nur wenn er gehorchte, durfte er in das Paradies zurückkehren. Auf diese Weise überlebte kaum ein Feind des Alten vom Berge.

Doch der Mongolenherrscher Hulagu besiegte schließlich nach einer drei Jahre dauernden Belagerung den Alten, der in der Schlacht starb. Die Schreckensherrschaft des Alten vom Berge und seiner Assassinen endete.

DIE LEGENDE DER ASSASSINEN
Ob es die Meuchelmörder-Sekte in ihren paradiesischen Gärten tatsächlich so gab, wie Marco Polo sie schilderte, ist umstritten. Marco Polo hat sie selbst nicht gesehen, sondern nur die Geschichten gehört, die man von ihnen erzählte. Von dem Wort „Assassinen" leitete sich in vielen Sprachen Europas das Wort für „ermorden" ab: Auf Italienisch heißt es „assassinare", auf Englisch „to assassinate".

DIE DREI VENEZIANER ziehen weiter gen Osten: Sie reiten entlang der Berge des Hindukusch. Auf den über viertausend Meter hohen Gipfeln glitzert Schnee in der Sonne. Marco entdeckt Stachelschweine und riesige Salzberge, aus welchen Menschen mit Eisenpickeln Salz herausschlagen. Er staunt über die Wohnhöhlen, in welchen die Einheimischen von Ishkashim leben. Er beobachtet in Badakhshan, im Nordosten Afghanistans, wie Rubinsucher tiefe Gänge in den Felsen schlagen, um Edelsteine zu schürfen. Marco isst Hammelkebab, probiert gekochten Reis, der mit Hammelfett, Gewürzen, Pistazien, Zwiebeln und Orangenschalen gewürzt wird. Er lernt, dass die Einheimischen Kuh- und Eselskot als Brennmaterial verwenden. Marco schmunzelt über die Edelfrauen der Provinz Badakhshan, die sich jede Menge Stoff in die Hosen stopfen: Die einheimischen Männer finden großen Gefallen an

HINDUKUSCH UND PAMIR
Das Hindukuschgebirge liegt in Afghanistan und Pakistan. Der höchste Gipfel ist der pakistanische Berg Tirich Mir mit 7699 Metern. Im Osten schließt sich das Pamirgebirge an, das sich zwischen Afghanistan, Kirgisistan, China und Tadschikistan erstreckt. Das über 7000 Meter hohe Gebirge wird mit dem Himalaja und dem tibetischen Hochland zum „Dach der Welt" gezählt.

rundlicheren Frauen, und so täuschen die Damen mit dem Stoff breite Hüften vor. Eines Tages geht es Marco schlecht. Er hat Schmerzen und hohes Fieber. Er kann unmöglich weiter. Die Polos müssen ihre Reise unterbrechen. Kaum ist das Fieber gesunken, kommt es kurz darauf wieder zurück. Es will einfach nicht abklingen. „Wir werden wohl mehrere Wochen rasten", sagt Niccolò, streicht seinem Sohn mit einem feuchten Tuch über die heiße Stirn. Wenn es Marco zwischenzeitlich besser geht, vertreibt er sich die Zeit mit Fischen oder hört den Erzählungen anderer Rei-

sender über ferne Länder zu. Außerdem lernt er Persisch und Mongolisch. Niccolò und Matteo beginnen zu verzweifeln, weil Marco einfach nicht gesund wird.

Eines Tages gibt ihnen ein Einheimischer einen Rat. Marco soll auf eine Hochebene mit grünen Wiesen und sauberen Quellen gebracht werden. Die reine Luft in der Höhe heile viele Kranke. Tatsächlich fühlt sich Marco besser. Das Fieber verschwindet. Marco erholt sich. Nach einem Jahr ist er geheilt. Und stark genug für einen gefährlichen Reiseabschnitt: die Überquerung des Pamirgebirges.

Entlang der Seidenstraße

Langsam schiebt sich die Karawane die engen Pfade des Pamirgebirges hoch. Ihr Gepäck haben die drei Venezianer auf Kamele verladen, die schwankend die Serpentinen entlanglaufen. Steil geht es neben dem Weg Hunderte Meter bergab in felsige Schluchten. Ein Fehltritt und die Männer würden in die Tiefe stürzen. Der Führer ist angespannt, spricht kaum. Marco hört seinen Vater den steilen Anstieg hinaufkeuchen.

Kahl sind die Berge. Längst haben sie die Baumgrenze hinter sich gelassen und sind auf über dreitausendsiebenhundert Meter gestiegen. Nicht einmal Sträucher wachsen an den Hängen. Braun-grau wirkt das Hochgebirge, in der Ferne sind Gletscher zu erkennen.

Die Luft ist dünn und eisig kalt hier oben. Jeder Schritt ist anstrengend. Marcos Herz pocht schneller. Wenn sie sich abends einen Rastplatz suchen und das Feuer entzünden, brennen die Flammen nicht so hell wie unten im Tal. Es dauert ewig, bis die Speisen gar sind.

Tagelang geht es bergauf, bis sie auf einer Hochebene ankommen, durch die ein breiter Fluss strömt. Die Weiden sind saftig grün. Wildschafe mit riesigen Hörnern grasen dort. Zwölf Tage ziehen sie durch die Ebene des Pamirs. Dann geht es über einen Monat wieder über Berge und durch Täler, vorbei an stacheligen Sträuchern. Eis liegt auf den Pfaden und macht den Untergrund rutschig. Auf die zugefrorenen Flüsse streuen sie Sand und Asche, damit die Kamele beim Überqueren nicht ausrutschen. Manchmal schneit es oben auf den Bergen und die Tiere suchen unter dem Schnee nach Gras.

Schließlich beginnt der Abstieg nach Kaschgar, der großen Handelsstadt. Langsam wird es wärmer. Weiden säumen die Wege. Immer häufiger ziehen sie an Gehöften vorbei. Um Kaschgar erstrecken sich Weinberge, Mohn- und Baumwollfelder.
Sie sind längst auf der Seidenstraße angelangt: Viele Händler sind unterwegs, haben

DIE SEIDENSTRASSE

Schon zu römischen Zeiten wurde auf den Karawanenwegen Seide von China nach Rom transportiert. Die Seidenstraße ist ein Netz von Karawanenrouten, welches das Mittelmeer mit Ostasien verbindet. Während der Herrschaft der Mongolen blühte hier der Handel. Denn die Mongolen sorgten für Sicherheit entlang der Wege und waren am Austausch mit den Fremden interessiert. Als im 16. Jahrhundert der Seeweg um das Kap der Guten Hoffnung im Süden Afrikas zur festen Route der Europäer geworden war, verlor die Seidenstraße an Bedeutung. Güter wurden von nun an vor allem mit Schiffen transportiert.

DIE WÜSTE TAKLAMAKAN

Die Taklamakan ist die zweitgrößte Sandwüste der Welt und gilt als einer der gefährlichsten Landstriche der Erde. Ihr Name wird meist übersetzt mit „Wüste des Todes". Der europäische Entdecker Sven Hedin überlebte bei seiner Wüstendurchquerung 1895 nur knapp. Jahrhundertelang galt die Taklamakan als unzugänglich. Die Temperaturen können zwischen 62 Grad Hitze am Tag und 12 Grad Kälte in der Nacht schwanken.

auf Yakochsen Seidenrollen, Pelze, Waffen und Spiegel gepackt, die sie von China nach Persien bringen. Richtung China sind die Kamele und Maultiere der Händler mit Körben voller Gläser, Leinentücher, Gold und Bernstein beladen.

Von Kaschgar aus führt die Seidenstraße entlang der Wüste Taklamakan. Die Polos reisen durch üppig blühende Oasen, die den Rand der Wüste säumen. An manchen Tagen müssen sie durch hohen Sand stapfen.

Wenn Sandstürme durch die Taklamakan toben, müssen die Karawanen anhalten.

DIE GEISTER DER WÜSTE GOBI
Natürlich gibt es in der Gobi, der fünftgrößten Wüste der Welt, keine Geister. Wahrscheinlich beflügelten das Heulen des Windes, die grellen Sonnenstrahlen, die flirrende Hitze die Fantasie der Reisenden.

Schon von Weitem hört man das Heulen und Brausen des Sturms. Schnell peitscht der Sand dann ins Gesicht, der Himmel verdunkelt sich, kleine Steine wirbeln durch die Luft. Dann ist es lebensgefährlich, durch die Wüste zu ziehen. Menschen und Tiere legen sich auf die Erde, um sich zu schützen.

Doch die Polos haben Glück. Sie passieren bei gutem Wetter die Taklamakan. Kurze Zeit später erreichen sie den Rand der Wüste Gobi. Die Karawanen rasten eine Woche lang, um Kraft zu schöpfen. Sie müssen einen Randstreifen der

Wüste durchqueren. Die Einheimischen warnen Marco vor Geistern: Wenn ein Reisender vor Müdigkeit hinter seiner Karawane zurückbleibt, hört er die Geister. Sie scheinen seinen Namen zu rufen. Wenn der Reisende ihnen folgt, verirrt er sich in der Wüste und verdurstet.

Über einen Monat ziehen die Venezianer durch die Wüste Gobi, sie reiten über Berge und Felsen, Sand und durch Täler. In der Mittagshitze suchen sie Schutz im Schatten eines verdorrten Strauches. In regelmäßigen Abständen sprudeln Süßwasserquellen, an welchen die Reisenden ihr Vieh tränken können und ihre Wasservorräte auffüllen.

Mittlerweile sind sie im Reich des Großkhan Kublai. Sie sind in China angekommen. In Gansu im Nordwesten des Landes schicken sie eine Nachricht an

Kublai und warten auf die Erlaubnis, ihre Reise fortsetzen zu dürfen. Monat um Monat verstreicht ohne eine Antwort. Marco ist jetzt zwanzig Jahre alt. Er erkundet die Provinz Gansu, um sich die Zeit zu vertreiben. Er besichtigt die buddhistischen Klöster und die Tempel mit vergoldeten Statuen, besucht die chinesischen Städte. Ein ganzes Jahr leben die Polos in Gansu, bis endlich die Gesandten des Großkhans eintreffen. Die Venezianer können weiter. Die Gesandten begleiten die Polos ab jetzt auf dem Weg und schützen sie. Kublai erwartet sie in Xanadu, der Stadt, in welcher der Großkhan seine Sommerresidenz hat. Vier Jahre nachdem Marco, Niccolò und Matteo Polo Venedig verlassen haben, werden sie endlich am Ziel sein.

Sechzehn Jahre China

Am Hof des Kublai Khan

„Erhebt Euch", sagt Kublai Khan.

Marco, Niccolò und Matteo Polo stehen auf. Sie waren vor dem obersten mongolischen Herrscher niedergekniet. Der Khan hat auf seinem hohen Thronsessel Platz genommen. Neben ihm, in etwas niedrigerer Position, sitzen die Würdenträger des Reichs: Mongolen, Muslime, Türken. Die Wände des Saals um sie herum sind vergoldet.

Es hatte noch über einen Monat gedauert, bis Niccolò, Matteo und Marco endlich in Xanadu angekommen waren. In der Stadt im Nordosten Chinas wohnt Kublai von Juni bis August. Eine Mauer schützt das Anwesen des Großkhans. Jedes Jahr

errichten Diener dort ein Bambushaus. Marco hatte sich ein einfaches Haus vorgestellt, als ihm ein Gesandter davon erzählte. Doch die Sommerresidenz ist ein Prachtbau: Sie ruht auf glänzenden Säulen, die von vergoldeten Drachenfiguren umschlungen werden. Auch die Wände sind vergoldet.

Kublai sieht die Venezianer jetzt mit seinen dunklen, mandelförmigen Augen an. „Wie geht es Euch? Wie ist es Euch auf der Reise ergangen?", fragt er. Der Großkhan ist sechzig Jahre alt, aber immer noch ein kräftiger Mann. Die Haut seines Gesichts ist rosig-weiß, die Nase zart.

„Es steht alles zum Besten", antwortet Niccolò. „Jetzt, da wir Euch gesund und wohl gelaunt antreffen, Herr."

„Darf ich Euch die Schreiben des Papstes überreichen?", fragt Matteo. Kublai nickt, studiert die Briefe, blickt auf die drei Kaufleute. Er fragt nicht, warum sie ohne die hundert Gelehrten gekommen sind. Niccolò und Matteo überreichen ihm das Fläschchen mit dem kostbaren Öl aus Jerusalem. „Habt vielen Dank", erklärt Kublai. Dann sieht er Marco an. „Doch sagt, meine lieben Venezianer, wer ist der Jüngling an Eurer Seite?"

„Mein Herr", antwortet Niccolò, „es ist Marco, mein Sohn und Euer Diener."

„Er sei willkommen", erwidert der Großkhan, neigt den Kopf ein wenig. „Er gefällt mir sehr gut."

Dann schweigt er für einen Augenblick. „Erweist mir die Ehre und seid meine Gäste. Ein Diener wird Euch zeigen, wo Ihr wohnen könnt." Marco, Niccolò und Matteo bedanken sich, verlassen den Saal. Sie freuen sich darauf, längere Zeit am selben Ort zu verweilen, sich auszuruhen. Marco brennt darauf, mehr über die Mongolen zu erfahren: Er will wissen, wie sie leben, wie sie handeln, er will ihre Sprache besser lernen. Und er will erfahren, wie Kublai, der oberste Herrscher der

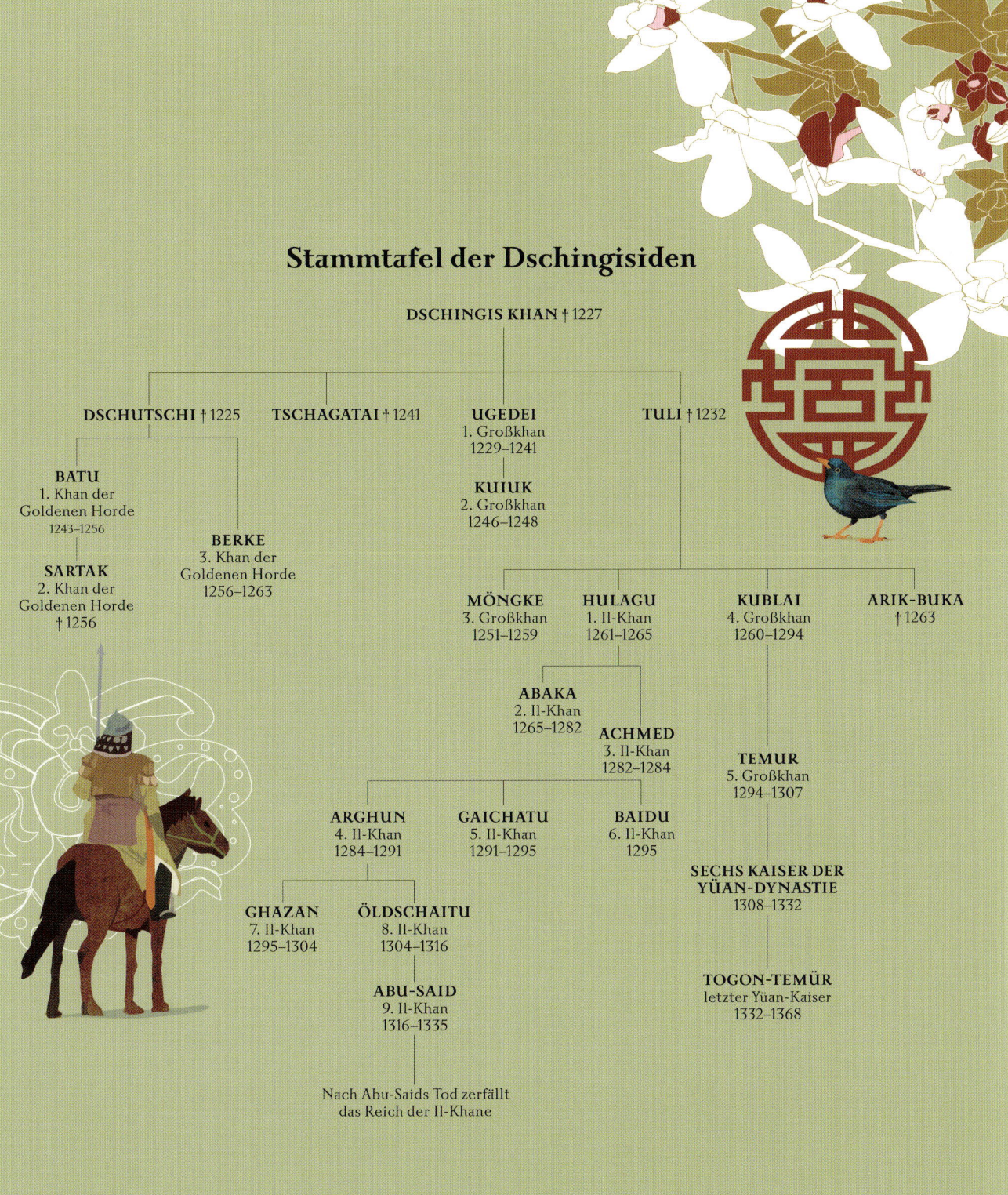

„Messer Marco war nicht nur ein geschickter Botschafter, sondern auch ein aufmerksamer Beobachter und guter Berichterstatter."

Mongolen, Enkel des Dschingis Khan, Herrscher über fast ganz China und mächtigster Mann der Welt, seinen Staat führt.

Mehrere Wochen bleiben die Venezianer in Xanadu. Das Klima ist hier im Norden auch im Sommer angenehm mild. Marco streift durch den Park rund um das Bambushaus des Khans. Im Garten sprudeln Quellen, Bäche plätschern. Der Khan hält Hirsche, Rehe und über zweihundert Falken. Manchmal beobachtet Marco, wie Kublai die Käfige besichtigt. Marco besucht auch das Gestüt mit den prächtigen, weißen Pferden des Khans. Ein Stallbursche erklärt ihm, dass Stutenmilch nur die kaiserliche Familie trinken darf.

Und die ist riesig: Der Khan hat vier Frauen – und daneben zahlreiche Geliebte. Jede Gattin verfügt über einen Hofstaat mit fast zehntausend Dienern. Zweiundzwanzig Söhne hat Kublai. Sein ältester Sohn Cinghis ist gestorben und hat Kublai den Enkel Temur hinterlassen. Er ist als Thronfolger vorgesehen und sitzt bei Empfängen neben dem Khan. Kublai ist so ganz anders als in den Schauermärchen, welche die Matrosen in Venedig über die Mongolen erzählt haben. Marco hört, dass der Khan bei

WAS EUROPA DAMALS ÜBER CHINA WUSSTE
Noch in der Antike wussten Europäer kaum etwas über China. Für die Römer war es vor allem das Land, aus dem die Seide kam. Erst der Mongolensturm im 13. Jahrhundert weckte die Neugier der Europäer. Doch die päpstlichen und kaiserlichen Gesandten berichteten ihr Wissen meist nur dem Papst und Königen. Sie interessierten sich vor allem für die Frage, ob sie die Mongolen zum Christentum bekehren konnten und ob die Asiaten den Europäern im Kampf um den Kreuzfahrerstaat gegen die Muslime helfen konnten. Die meisten Menschen wussten nach wie vor nichts über China. Erst durch Marco Polos Buch „Die Wunder der Welt", das er zusammen mit Rustichello da Pisa schrieb, erfuhr die breite Masse der Europäer mehr über China.

Missernten den Armen hilft: Er liefert ihnen von seinem eigenen Getreide, damit sie zu essen haben und Saatgut für die nächste Ernte bekommen. Anders als europäische Herrscher der Zeit ist der Khan gegenüber fremden Religionen aufgeschlossen. Buddhisten, Muslime, Juden und Christen dürfen ihren Glauben leben. Kublai sagt stets: „Es gibt vier Propheten, die angebetet werden und denen die ganze Welt huldigt." Die Christen verehren Jesus, die Juden Moses, die Muslime Mohammed, die Buddhisten Buddha. „Und ich erweise allen vieren die Ehre."

Im Spätsommer wird es geschäftig in Xanadu. Diener beginnen zu packen. Denn am 28. August verlässt der Khan mit seiner Familie und dem Hofstaat die Sommerresidenz. Ein langer Zug aus Karren, Pferden und Dienern formiert sich vor den Mauern der Stadt und setzt sich langsam in Bewegung. Marco sieht, wie der Khan bei der Abreise Felder und Luft mit der Milch weißer Stuten sprengt. Seine Astrologen haben Kublai dazu geraten. So hätten die Geister zu trinken und würden über den Besitz des Khans wachen.

Anschließend zieht die Reisegesellschaft weiter Richtung Süden. Mitten unter vielen Tausend Menschen reiten Marco, Niccolò und Matteo Polo. Sie sind zusammen mit dem Großkhan unterwegs nach Peking, der Hauptstadt des Reiches. „Canbaluc" nennen die Mongolen sie. Marco ist aufgeregt. Peking soll eine riesige Stadt sein, viel größer als Venedig.

Peking und die kaiserlichen Jagden

Ein neunzig Meter hoher Hügel kündigt Peking von Weitem an. Kublai hat ihn errichten und mit Bäumen aus allen Landesteilen bepflanzen lassen. Auf der Kuppe steht ein Schloss, in das sich der Khan zurückzieht, um sich zu erholen. Marco erkennt es im blauen Dunst am Horizont.

Je näher er Peking kommt, desto mehr Fahrzeuge sind auf der Straße: Wagen beladen mit Gewürzen aus Indien, Seide, Gold, Silber oder kostbaren Perlen. Marco kommt es vor, als ritten sie ewig durch die Vorstädte, die rund um die Stadtmauer entstanden sind. Prächtige Villen stehen dort und Herbergen für die Händler, die aus fernen Landesteilen anreisen. Überall errichten Arbeiter neue Gebäude. Die Vorstädte scheinen sich laufend zu vergrößern.

Über eine Million Menschen leben in Peking. Venedig hat gerade hunderttausend Einwohner – und Venedig ist nach Neapel und Paris zu Marcos Zeit die drittgrößte Stadt Europas. Doch verglichen mit Peking erscheint Marcos Heimatstadt wie ein Dorf.

Innerhalb der Mauern Pekings sind die Straßen breit und schnurgerade. Die ganze Stadt ist quadratisch angelegt. Ganz anders als Venedig mit seinen verwinkelten, engen Gassen. Herrschaftssitze und Gasthäuser säumen die breiten Straßen.

In den ersten Tagen erkunden Marco, Niccolò und Matteo Peking. Sie gehen in

die öffentlichen Bäder. Dort wäscht sich – anders als in Europa zu dieser Zeit – auch das einfache Volk mehrmals täglich. Marco probiert das fremde, manchmal scharfe Essen, kostet Reiswein.

Er sieht zum ersten Mal, wie Menschen mit Steinkohle heizen. Sie ist in Europa noch unbekannt. Marco notiert in seinem Block: „Das Feuer brennt länger als ein Holzfeuer."

Bald findet sich Marco auch alleine gut in Peking mit seinen vielen Plätzen und Stadtvierteln zurecht. Er weiß, dass er schnellstens zurück in die Unterkunft muss, wenn die Glocke des hohen Hauses im Zentrum läutet. Denn sie schlägt abends dreimal, um zu zeigen, dass ab jetzt niemand mehr das Haus verlassen darf.

Marco darf sich die Palastanlage des Großkhans in der Stadtmitte ansehen: Sie ist umgeben von einer quadratischen Mauer aus weißem Stein und mit einem Zinnenkranz. In jeder Ecke der Mauer steht ein kunstvoll verziertes Gebäude, in dem Kublais Kampfausrüstungen aufbewahrt werden. Auf der Südseite gibt es fünf Tore. Das größte in der Mitte ist nur für den Großkhan bestimmt.

Innerhalb der Palastmauern befindet sich nochmals eine rechteckige Mauer, in deren Mitte sich der Palast erhebt. Sein rot, grün, blau und gelb lackiertes Dach ist von der ganzen Stadt aus zu sehen. Die Wände sind mit Gold und Silber ausgekleidet, die Decken mit Malereien verziert. Im Hauptsaal haben über sechstausend Personen Platz. Zwischen den Mauern erstrecken sich Gärten mit Wiesen und schattigen Bäumen. Der Khan hält dort Hirsche, Rehe, Eichhörnchen und viele andere Tiere. In einem Teich leben die verschiedensten Fische. So kann Kublai jederzeit wählen, welches Fischgericht er heute verspeisen will.

Marco sieht die armen Familien, die am Kaiserhof um Brot bitten und Essen bekommen. Tausende Menschen versammeln sich dort jeden Tag.

„Nirgends auf der Welt werden dermaßen viele seltene, erlesene Waren gehandelt wie in Canbaluc."

AM 28. SEPTEMBER sind Marco, Matteo und Niccolò zu Kublais großer Geburtstagsfeier eingeladen. Ein riesiges Fest. Neben den drei Venezianern nehmen Zehntausende Menschen teil. Kublai erscheint an diesem Tag in einem goldenen Gewand. Zwölftausend Barone und Ritter umgeben ihn. Sie tragen Kleidung aus Seide.

Als die Feier beginnt, ertönen Gesänge, Kerzen werden angezündet, Weihrauch strömt durch die Luft. Marco sieht zu, wie Priester aller Religionen – Buddhisten, Christen und Muslime – für ein langes Leben des Großkhans beten.

Anschließend dürfen alle an einem großen Bankett teilnehmen. Der Khan thront auf einem Podium in der Mitte eines Saals. Ihm zur Seite nehmen seine Gattinnen, Söhne und Enkel Platz. Viele Gäste sitzen auf Teppichen, da es kaum Tische gibt. Außerhalb des Bankettsaals sind vierzigtausend weitere Personen und Besucher versammelt. Sie bringen Geschenke. Wein wird in goldenen Bechern serviert. Jedes Mal, wenn Kublai seinen Becher hebt, fallen alle Gäste auf die Knie.

Nach dem Festmahl tragen Diener die Tische aus dem Saal. Spielleute und Zauberer betreten den Raum, geben Vorstellungen. Am Ende des Abends fällt Marco todmüde in sein Bett.

Im Frühling steht das nächste große Ereignis an: Marco darf den Khan bei der kaiserlichen Jagd begleiten. Als die ersten Knospen der Bäume sprießen und die Tage wieder länger werden, zieht Kublai mit seiner Gefolgschaft in die Nähe des Gelben Meeres südöstlich von Peking. Der Großkhan reist in einer kaiserlichen Sänfte, die vier Elefanten tragen. Diener errichten am Zielort eine Stadt aus über

zehntausend Zelten. Kublai residiert in einem Pavillon mit mehreren Räumen: Schlafgemächer, Vorzimmer und Empfangssaal sind außen mit Tigerfellen, innen mit anderen Pelzen ausgekleidet. Der Khan hat Hunderte Falken bei sich, mit denen er Kraniche jagt. Gefolgsleute bringen ihm Hasen, Rehe oder Hirsche aus entfernten Gebieten. Jeder Tag erscheint Marco hier wie ein Fest.

ERST IM MAI kehrt Marco zurück nach Peking. Er versucht, so viel wie möglich über den Handel und die Sitten der Chinesen und Mongolen zu lernen: wie die Chinesen vor großen Geschäften stets Astrologen befragen, die ihnen ihr Horoskop erstellen; dass die Bewohner Pekings sich nach einem anderen Kalender orientieren, dessen Jahre sie nach Tieren benennen – das Jahr des Löwen, das Jahr des Ochsen, das Jahr des Drachens.

Der Venezianer lernt, dass die Bewohner von Kublais Reich mit Papiergeld zahlen – in Europa ist das zu dieser Zeit noch unbekannt. Das Papier wird aus der Rinde von Maulbeerbäumen hergestellt.

Oft kommen Händler zum Großkhan, bringen ihm Edelsteine, Seidenstoffe oder Perlen. Und Kublai zahlt ihnen den entsprechenden Wert in Papiergeld aus. Marco versucht, sich so schnell wie möglich alle Scheine der Währung einzuprägen, um zusammen mit seinem Vater und seinem Onkel Handel zu treiben.

Über ein Jahr nach seiner ersten Zusammenkunft mit dem Großkhan in Xanadu erhält Marco eine Nachricht von Kublai Khan: Der große Herrscher lässt ihn zu sich rufen.

FORTSCHRITTLICHES CHINA
China war zu Marco Polos Zeit in vielen Bereichen weiter entwickelt als Europa: Papiergeld wurde schon um 910 nach Christus verwendet, in Europa wurde Papiergeld erst 1483 in Spanien ausgegeben. Steinkohle zum Heizen war in China längst verbreitet, Marco kannte es aus Venedig nicht. Sogar der Buchdruck war in China bekannt, während man in Europa Bücher noch per Hand abschrieb. Auch Kompass, Schießpulver und sogar die Pockenimpfung hatten die Chinesen viel früher erfunden. Die Impfung gegen die tödliche Krankheit entwickelten Forscher im Westen erst über 700 Jahre später.

Die erste Gesandtschaftsreise

Laut hört Marco die Hufe seines Pferdes auf der steinernen Brücke hallen. Neben ihm ziehen zwei Bauern einen Wagen mit Obst. Ein chinesischer Reiter sieht ihn neugierig an. Unter ihnen fließt der Yongding-He-Fluss. Die Brücke ist über zweihundert Meter lang und steht auf elf Bögen. Löwenfiguren thronen auf dem Geländer. In späteren Jahrhunderten wird man das Bauwerk „Marco-Polo-Brücke" nennen, weil Marco sie in seinem Buch so detailliert beschreibt. Doch davon ahnt der dreiundzwanzigjährige Marco nichts, als er an diesem Mittag den Fluss überquert.

Hinter der Brücke wird der Weg wieder staubig. Bäume spenden ein wenig Schatten am Straßenrand. Peking liegt bereits fünfzehn Kilometer hinter ihm. Er ist unterwegs in den Südosten des Landes. Bis nach Nord-Yunnan wird er kommen. Seine erste Reise ohne Vater und Onkel.

Der Khan hat ihn ausgesandt. „Du hast nun genug gelernt", hatte Kublai zu Marco gesagt, als er den Venezianer in seinem Palast empfing. „Es ist an der Zeit, deine Fähigkeiten auf die Probe zu stellen. Du wirst für mich in eine sechs Reisemonate entfernte Provinz reiten. Wenn du zurück bist, wirst du mir berichten, was du gesehen hast."

Der Khan hat Marco mit einem Schreiben ausgestattet, das ihm erlaubt, in den edlen Herbergen der Gesandten zu übernachten. Dort schlafen die Reisenden in schönen, seidenen Bettlaken, sitzen abends am warmen Feuer, bekommen

Glasnudeln mit Huhn oder Fischsuppe serviert. Im ganzen Land kann Marco die Stationen und Gasthäuser nutzen, dort sein Pferd wechseln. Es ist ein bequemeres, sichereres Reisen als zuvor mit Matteo und Niccolò auf dem Weg nach China.

Und dennoch ist China so ganz anders als alles, was er bisher gesehen hat. Obwohl Marco nun seit über einem Jahr am Hof des Khans lebt, erscheint ihm das Land außerhalb von Peking fremd und exotisch. In manchen Regionen essen die Menschen rohes Hühner- und Büffelfleisch. In anderen Gegenden bedecken Männer ihre Zähne mit einer Schicht Gold. Je weiter er sich von Peking entfernt, desto mehr staunt er über die Ehesitten: In einigen Gegenden ist es normal, dass ein Fremder das Bett mit den einheimischen Ehefrauen und Töchtern teilt.

Marco reitet durch die Provinz Hebei und weiter nach Westen. Er durchquert Städte und Dörfer, zieht an Weinbergen, Ingwerpflanzen und Maulbeerbäumen vorbei, bestaunt Seidenraupen. Er erreicht den breiten Gelben Fluss, an dessen Ufer unzählige Vögel nisten und zwitschern. Hohe Bambuswälder neigen sich am Ufer im Wind. Die Bauern in den Ebenen wohnen meist in Hütten aus Stroh und gestampfter Erde. Stets scheinen die Menschen zu lächeln. Sie behandeln den fremden Europäer höflich und zuvorkommend.

Marco überquert die Qinlingberge und steigt zum Tal hinab, in dem sich der Jangtse, der „Lange Fluss", erstreckt. Er sieht Tiger, kleine Alligatoren, riesige Schlangen und Luchse, entdeckt den Pfotenabdruck eines Bären. Er kommt in die Provinz Szetschuan, deren Flüsse sich aus dem ewigen Schnee Tibets speisen. Dort probiert er würzig gebratene Ente, begutachtet die Lederwaren aus Tibet in den Geschäften. Immer wieder ertönt ein Krachen, wenn die Menschen den Bambus abbrennen, um die Raubtiere zu verjagen. Denn die Bambusrohre spalten sich laut knallend in der Hitze. Die Pferde scheuen, sobald die Explosionen durch die Täler donnern.

Schließlich wird der Jangtse so breit wie ein Meer, am Ufer riecht es nach feuchtem Schlamm, riesige Schiffe kreuzen auf dem Strom Richtung Ozean. Marco nimmt den süß-herben Duft der Zimtbäume wahr, beobachtet, wie die Bewohner Yunnans Muscheln als Zahlungsmittel benützen.

Monate später ist er zurück in Peking. Er lässt beim Großkhan um eine Audienz nachsuchen. Marco wartet mit den vielen anderen, die an diesem Tag darum gebeten haben, von Kublai empfangen zu werden.

Es ist früher Morgen. Von draußen hört man die Gespräche der Menschen, die zum Markt gehen. Marco hat Pantoffeln aus weißem Leder in der Hand, die jeder Besucher anziehen muss, sobald er dazu aufgefordert wird. Die Schuhe sollen die Seidenteppiche im Palast schonen.

Ein Diener ruft laut Marcos Namen auf. Der Venezianer streift die Schlappen über, wird in Kublais Gemächer geleitet. Marco kniet vor dem Großkhan nieder und erzählt von allem, was er auf der Reise gesehen hat. Sein Bericht ist genau: Er hat gemerkt, dass der Khan die Gesandten für beschränkt hält, die ihm bei der Rückkehr nur von ihrem Auftrag, aber nichts über die bereisten Regionen berichten.

Der Großkhan hört ihm aufmerksam zu. Manchmal schweift sein Blick zum Fenster, dann blickt er Marco wieder mit wohlwollendem Lächeln an.

Als Marco seinen Bericht beendet, sagt der Khan halb zu Marco, halb zu den Würdenträgern, die mit ihm im Saal sind: „Wenn dieser gewandte Jüngling ein hohes Alter erreicht, wird er ein außergewöhnlich tüchtiger und weiser Mann sein."

Marco senkt sein Haupt. Er weiß, dass er seine Probe bestanden hat.

„Ich werde dich als Beamten in meinen kaiserlichen Dienst aufnehmen", verkündet Kublai. „Von nun an wirst du auf viele Gesandtschaftsreisen für mich gehen."

Viele Straßen führen nach Canbaluc

Ganze sechzehn Jahre bleibt Marco im Dienst des mächtigsten Herrschers der Welt. Die meiste Zeit ist er unterwegs. Kublai schickt ihn in viele Regionen. Er will wissen, wie die Menschen dort leben, was sie von der mongolischen Herrschaft halten. Wie die Stimmung im erst kürzlich eroberten Südchina ist, im China der Sung.

Mal reist Marco alleine, mal begleiten ihn sein Vater und sein Onkel, die längst damit begonnen haben, in China ihren Geschäften nachzugehen. Sie nutzen die Zeit, um eines Tages wohlhabend nach Venedig zurückzukehren. Auch Marco handelt mit Edelsteinen, Stoffen und Gewürzen, wenn sich ihm die Gelegenheit bietet.

Er lernt in den Jahren fast das gesamte Reich Kublais kennen: das trockene China des Nordens und die feucht-heißen Gebiete des Südens mit ihren leuchtend grünen Reisfeldern. Er erfährt, dass der Herrscher Vietnams Elefanten und Aloeholz zu Kublai schickt, um seine Steuern zu zahlen. In Nordvietnam lernt Marco, dass dort die Menschen ihre Haut mit Bildern von Löwen, Drachen und Vögeln bemalen; für sie gilt das als ein Zeichen von Vornehmheit.

In Quanzhou, dem wichtigsten Hafen Chinas, bewundert er die reich beladenen Schiffe. Marco probiert Papayas und Litschis, ekelt sich vor Gerichten mit

WAR MARCO POLO WIRKLICH IN CHINA?

Weil Marco Polo später in seinem Buch weder die berühmte chinesische Mauer erwähnt noch die chinesischen Schriftzeichen oder die Essstäbchen, bezweifeln manche Wissenschaftler, dass er überhaupt in China war. Einige glauben, er sei nur bis zum Schwarzen Meer gekommen und habe einfach aufgeschrieben, was ihm andere erzählten. Doch Marco Polo hat die fremden Regionen stets aus dem Blickwinkel eines Kaufmanns betrachtet. Ihn interessierte, was man dort kaufen konnte, wie lange die Reise von einem Ort zum anderen dauerte und welche Bräuche die Menschen hatten. Bauwerke oder Schriftzeichen faszinierten ihn weniger. Und so schrieb er darüber auch kaum. Dass er die chinesische Mauer, den Tausende Kilometer langen Grenzwall, nicht erwähnte, muss deshalb nicht bedeuten, dass er sie nicht selbst gesehen hat.

„Diese Menschen essen jede Sorte Fleisch, solches von Hunden und von unreinen Tieren und von manchem Tier, wovon kein Christ um nichts in der Welt einen Bissen nähme."

Hundefleisch. Er besucht das hoch gelegene Tibet mit seinem ewigen Schnee und dem Goldbrokat auf den Märkten.

Auf den Straßen Richtung Peking – oder Canbaluc, wie viele die Stadt nennen – begegnet er den kaiserlichen Läufern. Die Männer bringen Post schneller als Reiter. Denn jeder Läufer trägt einen Gürtel mit Glöckchen. Er rennt drei Meilen bis zum nächsten Läufer, der den anderen dank seiner Glöckchen schon von Weitem hört. Zehn Tagesreisen entfernte Nachrichten gelangen so innerhalb von vierundzwanzig Stunden zum Khan. Hin und wieder bringen die Läufer dem Khan auch Obst mit. So bekommt er die süßen, tropischen Früchte aus dem Süden ganz frisch geliefert. Marco hört von den vergeblichen Eroberungsversuchen der Mongolen in Japan.

Fantastisches erzählen ihm die Menschen über das Inselreich: Einen riesigen Kaiserpalast soll es dort geben, dessen Dach aus purem Gold sei. Die Fußböden seien ebenfalls aus zwei Finger dickem Gold. Unendlich viele Perlen soll es in Japan geben.

Auf einer Schiffsreise im Jahr 1284 fährt Marco nach Ceylon, auf die Insel südöstlich von Indien, die man später Sri Lanka nennen wird. Ceylon ist berühmt für seine Edelsteine: Blau schimmernde Saphire und dunkelrote Rubine werden dort gefunden. Marco steigt auf den heiligen Berg der Insel. Wie ein grün bewachsener Kegel ragt sein Gipfel in die tropischen Wolken. Für Buddhisten ist er das Monument Buddhas, denn auf dem Gipfel soll sein Fußabdruck zu sehen sein.

Marco ist fasziniert von der Geschichte Buddhas: Buddha war der Sohn eines reichen, mächtigen Königs. Eines Tages ritt er aus seinem Palast aus und sah zum ersten Mal in seinem Leben einen Toten, einen zahnlosen Greis und einen Kranken. Er erkannte, wie sinnlos sein bisheriges Leben im Luxus war, und beschloss, den Palast seines Vaters für immer zu verlassen. Er wollte einen Weg aus dem Leid der Menschen suchen. Er ging in das hohe, unwegsame Gebirge. Dort verbrachte er ein bescheidenes und enthaltsames Leben. So wurde er ein weiser Mann, begründete den Buddhismus und unterwies Frauen und Männer in seiner Lehre.

BUDDHISMUS

Die asiatische Religion hat ihren Ursprung vor rund 2500 Jahren in Indien. Buddhisten glauben, dass jedes Lebewesen nach dem Tod als Mensch, Höllenwesen oder Gottheit erneut auf die Welt kommt. Nur wer ein erleuchtetes Leben ohne Begierde, Hass und Gier führt, kann diesen endlosen Kreislauf durchbrechen und ins „Nirwana" gelangen. Wer das Nirwana erreicht, so glauben die Buddhisten, muss nicht mehr leiden und wird nicht mehr wiedergeboren. Der Buddhismus ist heute die viertgrößte Religion der Erde. Die meisten Anhänger leben in Süd- und Ostasien, etwa in China, Japan, Tibet oder Thailand. Aber auch in Europa und in den USA gehören Menschen dem Buddhismus an.

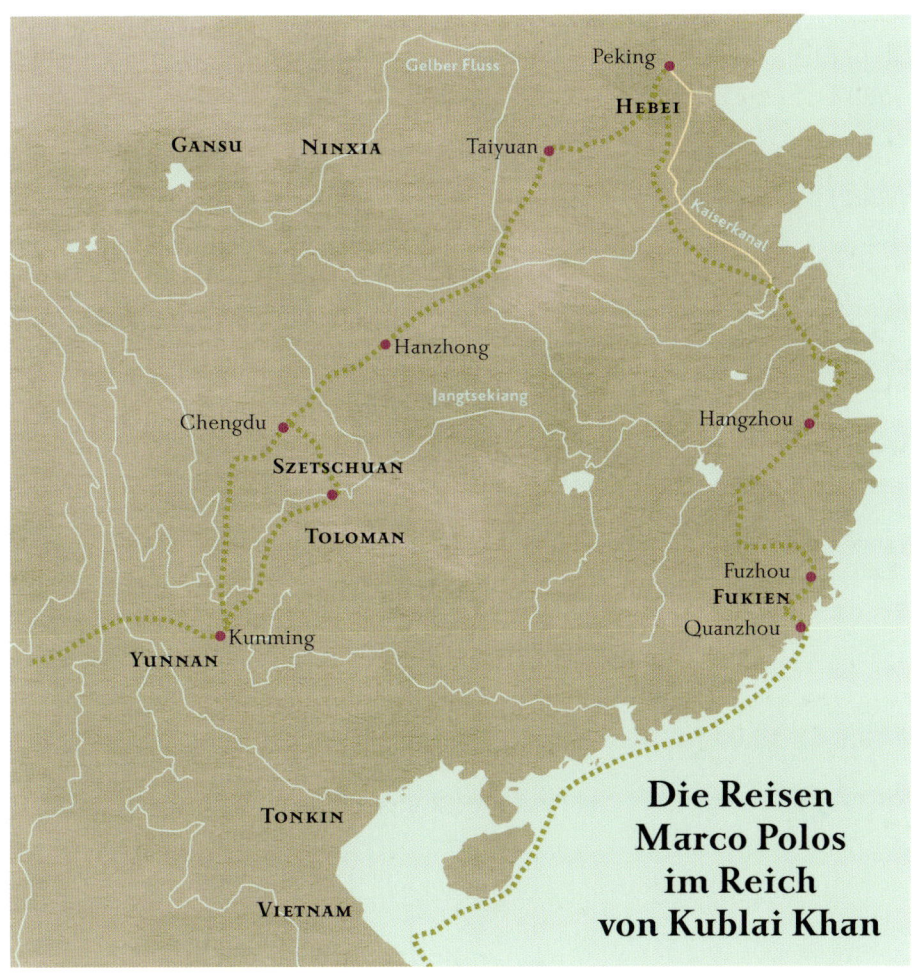

„Wäre er ein Christ gewesen, er würde ein großer Heiliger geheißen, zusammen mit unserem Herrn Jesus Christus", schreibt Marco begeistert auf.

Viele Male reist Marco nach Hangzhou, seiner Lieblingsstadt im südlichen China. Hangzhou erinnert ihn an Venedig: Kanäle durchziehen die Stadt. Zwölftausend steinerne Brücken führen über die Wasserwege. Die Häuser sind aus Holz und Bambus gebaut. Im Süden der Stadt liegt ein See, an dessen Ufer Paläste und

„Hangzhou ist bei Weitem die glanzvollste Stadt der Welt."

prächtige Landsitze stehen. Marco lässt sich die salzige Luft um die Ohren wehen, die vom Ozean in die Stadt strömt. Und denkt an Venedig.

Seit einiger Zeit wollen Marco, Matteo und Niccolò nach Hause. Vater und Onkel haben längst graue Haare bekommen und sind mit ihren Geschäften sehr reich geworden. Sie wollen mit ihrem Besitz nach Venedig zurückkehren und dort den Rest ihres Lebens verbringen. Marco ist siebenunddreißig Jahre alt. Oft, wenn er an Reisfeldern und bunten Laternen vorbei reitet, überkommt ihn die Sehnsucht nach Italien.

Doch der Khan will sie nicht gehen lassen. Je älter er wird, desto einsamer fühlt er sich. Er sagt stets: „Ich mag Euch so sehr und behalte Euch so gerne in meiner Umgebung, dass ich Euch um nichts in der Welt den Abschied gewähren will."

Doch irgendwann. Irgendwann will Marco wieder nach Hause.

Abschied vom Großkhan

Peking im Jahr 1291. Marco reitet in die Stadt hinein. Er kehrt gerade von einer Schiffsreise aus Indien zurück. Bei seiner letzten Abreise hat sich der Khan wieder geweigert, die drei Venezianer gehen zu lassen. Kublai ist inzwischen sechsundsiebzig Jahre alt. Und ein wenig treibt die Venezianer die Angst, nach dem Tod des Khans könne das große Reich auseinanderfallen und Unruhen könnten ausbrechen. Dann wäre die Heimreise nach Europa viel zu gefährlich.

Wie immer meldet Marco in Peking seine Ankunft und wird zu Kublai gebeten. Diesmal stehen Niccolò und Matteo in weißen Pantoffeln mit Marco im Empfangssaal des Khans.

„Tretet näher, meine lieben Venezianer. Ich habe einen Auftrag für Euch", sagt der Großkhan. Seine Stimme klingt müde. Wenig ist übrig von dem kräftigen, mächtigen Mann, den Marco vor sechzehn Jahren kennengelernt hat. „Ich werde Euch nun doch gen Westen ziehen lassen müssen." Niccolò, Matteo und Marco sehen sich an.

„Weit im Westen, im Reich der Il-Khane, ist die Frau des Herrschers Arghun gestorben", fährt Kublai fort. „Arghuns Gattin hat auf dem Sterbebett darum gebeten, dass ihr Gemahl wieder ein Mädchen aus dem Stamm der Baya'ut ehelichen solle. Der Stamm ist für seine außergewöhnlich hübschen Frauen berühmt. Arghun bat mich, ihm eine Frau zu erwählen und sie zu ihm zu schicken."

Der Khan schweigt für einen Augenblick. Dann fährt er fort: „Ich habe die Jungfrau Cocacin dafür bestimmt. Sie ist siebzehn Jahre alt und wunderschön. Ich habe sie mit einem Gefolge über den Landweg gen Westen geschickt. Doch nach acht

„Ich habe Euch ja erzählt, wie hoch der Großkhan die drei schätzte; er erfüllte widerstrebend ihren Wunsch, verabschiedete sich von Messer Niccolò, Matteo und Marco und erlaubte ihnen, die junge Dame zu begleiten."

Monaten konnten sie nicht mehr weiterreisen, weil Kämpfe in Zentralasien ausgebrochen sind. Es ist derzeit unmöglich, auf dem Landweg nach Persien zu kommen. Nun sind sie wieder in Peking." Kublai sieht Marco mit einem langen Blick an. „Ich habe entschieden, sie auf dem Seeweg nach Hormos zu Arghun zu schicken. Und Ihr, meine lieben Venezianer, kennt Euch mit Schiffsreisen bestens aus. Du, Marco, bist gerade aus Indien zurückgekehrt. Du kennst den Weg und die Gefahren des Meeres. Ich brauche Euch an der Seite der Prinzessin Cocacin."

Der Khan sinkt in seinen Thron zurück. „Ich werde also schweren Herzens von Euch Abschied nehmen müssen." Kublai überreicht den Venezianern zwei Täfelchen, die ihnen Unterkunft und Verpflegung im ganzen Reich garantieren. „Außerdem gebe ich Euch Briefe an den Papst und andere Herrscher Europas."

Niccolò entgegnet: „Kublai Khan, seid versichert: Wir werden Prinzessin Cocacin sicher nach Persien geleiten und alles so machen, wie Ihr wünscht."

Marco ergänzt: „Auch wir werden schweren Herzens von Euch und Eurem Reich Abschied nehmen." „Nun geht, meine Lieben. Ihr habt noch viel zu packen", sagt der Khan. Marco, Matteo und Niccolò Polo verneigen sich und treten aus dem Saal. Sie dürfen nach Hause. Es wird eine lange, beschwerliche Reise werden. Doch wenn alles gut geht, werden sie in rund drei Jahren wieder in Venedig sein, über den Markusplatz laufen, die Galeeren der Händler sehen. Und am Holztisch der Familie Polo von ihrem Leben am Hof des Kublai Khan erzählen.

Die Rückkehr

„Sie stachen in See und segelten gute drei Monate südwärts."

Aufbruch nach Europa

An einem schwülen Augusttag erreichen die Polos zusammen mit Prinzessin Cocacin, hunderten Gesandten und Dienern die Hafenstadt Quanzhou. Arabische Seeleute laufen die Stadt an, Moscheen stehen in der Nähe der Küste. Von den Märkten weht der Duft von Pfeffer, Zimt und Muskat durch die Gassen. Vierzehn Schiffe hat der Khan für sie ausrüsten lassen: Riesige Dschunken liegen im Hafen. Alle sind mit langen Rudern und einer Mannschaft von je zweihundert Matrosen und Vorräten für zwei Jahre ausgestattet.

Mehrere Monate waren sie durch China gen Süden gereist, vorbei an Hangzhou mit seinen Kanälen und dem Hafen von Fuzhou. Schon oft war Marco von Quanzhou nach Indien gereist. Sie werden der Route folgen, die er gut kennt: über das südchinesische Meer, vorbei an Sumatra, über den Indischen Ozean entlang der westindischen Küste. Dann wird es weitergehen über das etwas weniger vertraute Arabische Meer bis nach Hormos am Persischen Golf.

Bei klarem Wetter brechen die Schiffe im Konvoi auf. Marco sieht, wie sich das chinesische Festland langsam entfernt. Das riesige Reich, in dem er sechzehn Jahre gelebt und gearbeitet hat. An dessen Essen, Sitten und Sprachen er sich längst gewöhnt hat. Und in dem er doch immer der fremde Europäer blieb, den die Menschen auf seinen Reisen neugierig ansahen.

An klaren Tagen wird die Küste Chinas in der Ferne hin und wieder auftauchen. Doch ihre Reise über den Ozean wird sie bald in Gegenden führen, in denen die Macht des Khans nicht so stark ist wie in China.

Marco spaziert über das Hauptdeck seiner Dschunke. Die chinesischen Schiffe sind moderner als die venezianischen, auf denen er vor langer Zeit nach Akko reiste. Kein Vergleich mit den klapprigen indischen Kähnen, die er in Hormos gesehen hat. Die Chinesen bauen wasserdichte Abteilungen ein. So läuft das Schiff nicht komplett voll Wasser, wenn die Dschunke ein Riff rammt. In Europa werden wasserdichte Trennwände erst Jahrhunderte später aufkommen.

Marco genießt die Brise auf dem Schiff, die Abkühlung in der Sommerhitze bringt. Er denkt an Venedig. An die Tanten, Onkel und Freunde dort. Er freut sich auf zu Hause. Er überlegt, wie es wohl sein wird: Werden ihn die Verwandten wiedererkennen? Werden noch alle leben? Wird sich die Stadt sehr verändert haben?

Und er denkt an die Seereise. Es wird eine gefährliche Fahrt werden. Die tückischen Monsunwinde brauen sich oft zu Stürmen zusammen, die ganze Schiffe versenken können. Vor der Küste Indiens lauern Piraten. Im Chinesischen Meer müssen die Seeleute ihre Routen nach der Jahreszeit ausrichten. Im Winter bläst der Wind aus einer anderen Richtung als im Sommer. Manche Winde treiben die Schiffe vom Festland weg, andere bringen die Schiffe wieder zurück.

Es wird ein bis zwei Jahre dauern, bis sie in Persien sind. Wahrscheinlich länger, denn wenn der Wind sich in die falsche Richtung dreht, müssen sie vielleicht eine monatelange Pause in fremden Häfen einlegen, bis es weitergehen kann. Marco wird noch einmal viele ferne Landstriche kennenlernen auf dieser Reise.

Fünf Monate auf Sumatra

Ein Zirpen und Quieken dringt aus dem Urwald, der den Hügel hoch wuchert. Unheimlich wirken die Geräusche aus dem Dickicht, das direkt hinter dem Strand am Ufer beginnt.

Doch die Schiffsbesatzungen müssen hier an Land. Draußen auf dem offenen Meer stürmt es seit Tagen. Riesige Wellen haben bereits einige Männer von Bord gefegt. Die Dschunken müssen in der Bucht vor Anker gehen, bis sich das Wetter bessert. Es ist unmöglich, weiterzufahren. Die Reisenden riskieren, dass die Schiffe sinken, wenn sie weitersegeln. Selbst an Land hat der Monsunwind ganze Bäume entwurzelt, die nun am Strand liegen.

So haben die Kapitäne der Dschunken beschlossen, auf Sumatra eine Pause einzulegen. Sie fürchten, dass sie mehrere Wochen bleiben müssen. Marco kennt die Insel von früheren Besuchen. Die Königreiche auf Sumatra sind zwar dem Großkhan untertan, schicken hin und wieder Elefanten und Nashörner nach Peking. Aber nur, wenn sie wollen. Weil Sumatra zu weit von Kublais Reich entfernt ist, entsendet der Khan seine Leute nicht dorthin, um von den Menschen Gehorsam zu fordern.

Marco hat einige Jahre zuvor Schiffe begleitet, die Aloe und Ebenholz in Sumatra aufluden und nach China brachten. Und Marco hat die Gerüchte gehört, auf der Insel gäbe es Menschenfresser. Und in den Bergen sollen behaarte Menschen mit Tierschwänzen leben. Ein Schauder läuft ihm über den Rücken, als er zusammen mit einigen Matrosen das Schiff verlässt.

Ein Beiboot bringt sie an Land. Es tanzt in der Brandung auf und nieder. Wegen des hohen Seegangs donnern die Wellen mit voller Wucht an den Strand.

Die Männer erreichen mit weichen Knien das Ufer, verlassen das Boot und gehen eine Weile am Strand entlang. Es riecht nach feuchtem Gras und süß duftenden Blüten aus dem Dschungel. Misstrauisch blicken sie zum Wald. Hin und wieder scheint sich dort etwas zu bewegen. Manchmal huscht ein Schatten zwischen hohen Bäumen hindurch.

„Wir sollten uns ein Lager bauen", schlägt Marco vor. „Holz gibt es genug."

„Ja", ergänzt einer der Kapitäne, der mit ihm gekommen ist. „Wir können hier einen tiefen Graben rund um unser Lager schaufeln. Dahinter bauen wir Bollwerke aus Holz, sodass wir eine befestigte Anlage haben und uns so gegen die Menschenfresser verteidigen können."

„Das erscheint mir sinnvoll", erwidert einer der Gesandten Kublais. „Lasst uns zurück zu den Schiffen gehen und den anderen von unserem Plan erzählen."

Wochenlang fällen die Männer Bäume, bauen daraus ein riesiges Lager für die zweitausend Passagiere der Schiffe. Und zum Schutz von Prinzessin Cocacin. Es regnet häufig. Und heftig. Wenn der Tropenregen einsetzt, sind alle, die sich draußen befinden, innerhalb von Sekunden völlig durchnässt.

Das schlechte Wetter hält unverändert an.

Als sie im Lager eingezogen sind, beginnt Marco Wanderungen ins Inselinnere zu unternehmen. Er sieht sich die Kokospalmen mit ihren kantigen, grünen Nüssen an. Er

entdeckt, dass das Quieken und Schreien im Urwald von Affen stammt, manchmal von Vögeln mit langen, krummen Schnäbeln. Elefanten hört er oft in der Ferne trompeten, manchmal auch Tiger fauchen.

Nach einigen Wochen lernt er die ersten Einheimischen kennen. Zaghaft ist der Kontakt. Doch nach vielen Begegnungen fassen die Reisenden aus China und die Bewohner Sumatras Vertrauen zueinander. Die Einheimischen wollen die Fremden keineswegs aufessen. Sie bringen den Gästen sogar Reis und frische Fische. Marco sieht in den Dörfern zu, wie sie Palmwein gewinnen, lauscht ihren Geschichten von den behaarten Menschen, die oben in den Bergen leben. Sehen wird er diese Wesen nicht. Sonst hätte er erkannt, dass die Einheimischen gar nicht von Menschen sprechen, sondern von Orang-Utans: Menschenaffen.

Marco nimmt sich Samen der Rotholzpflanze mit, aus der man ein leuchtendes Rot gewinnen kann. Er will sie in Venedig aussäen und so Farbe für Stoffe und Lacke herstellen. Doch leider wird der Samen später im kälteren Venedig nie aufgehen.

SUMATRA: WO MENSCHENAFFEN UND WILDE TIGER LEBEN
Sumatra gehört heute zum Staat Indonesien und ist die sechstgrößte Insel der Welt. Auf Sumatra befinden sich über 3000 Meter hohe Berge und viele Vulkane, im Osten erstrecken sich flache Sümpfe. Der Äquator verläuft in der Mitte Sumatras. 40 Millionen Menschen leben heute dort. Jahrhundertelang wuchs dichter, tropischer Regenwald. Doch in den vergangenen Jahrzehnten wurden die Wälder abgeholzt. Erst seit einigen Jahren wird zaghaft wieder aufgeforstet. Noch immer leben Orang-Utans auf der Insel. Der Sumatratiger ist vom Aussterben bedroht.

ERST NACH FÜNF MONATEN bessert sich das Wetter. Die dunklen Gewitterwolken lösen sich langsam auf, das Meer ruht glatt vor ihnen. Endlich können sie weiter. Es dauert Stunden, bis sich all ihr Gepäck und die zweitausend Mann wieder an Bord befinden. Als die Dschunken sich langsam von der Insel entfernen, stehen einige Einheimische am Ufer und winken ihnen nach.

Die Dschunken nehmen Kurs auf Südindien.

Das Wunderland Indien

Die Schiffe segeln seit Tagen nordwärts. Das Wetter ist gut. Marco genießt die Sonne an Deck. Bald werden sie nach Indien kommen, das er schon von vielen Reisen kennt. Wenn er erst wieder zu Hause ist, will er sich in Venedig als Händler niederlassen. Wer weiß, ob er jemals wieder so weit reisen wird?

In der Ferne tauchen Inseln auf: Nur flach erheben sich einige aus dem weiten Ozean. Am Ufer neigen sich Kokospalmen im Wind. Auf anderen Inseln ragen Berge in die Höhe, die mit dichtem Regenwald bewachsen sind. „Die Nikobaren",

erklärt Marco seinem Vater. „Männer und Frauen gehen dort alle nackt, sie bedecken sich mit gar nichts."

Die Dschunken fahren nah an den Inseln vorbei. „Rotes Sandelholz wächst dort. Und Gewürznelkenbäume", ergänzt Marco.

Langsam drehen die Schiffe westwärts, lassen die Inselgruppe hinter sich. Es geht über die wilden, gefährlichen Strömungen des Indischen Ozeans.

NACH VIELEN WOCHEN ist endlich die indische Südküste zu sehen. In Ceylon haben die Schiffe kurz angelegt, um frische Lebensmittel aufzunehmen. Dann sind sie weitergesegelt.

Immer wieder werden sie in indischen Häfen Station machen. An den Kaimauern liegen sie dann oft neben Schiffen, die Pferde aus Hormos bringen. Marco geht fast jedes Mal von Bord, streift noch einmal durch die Gassen der Städte, die er früher im Auftrag des Großkhans besucht hat.

Er erinnert sich, wie er zum ersten Mal die nackten Menschen an der Ostküste gesehen hat, die wie selbstverständlich ohne Bekleidung ihrer Arbeit nachgehen. Nur ein einfacher Lendenschurz bedeckt ihre Hüften. Selbst die Könige tragen dort keine Kleider.

Vom Schiff aus sieht Marco die Perlenfischer wieder. Sie ankern im flachen Wasser mit ihren Kuttern, springen von Bord und tauchen zum Meeresboden. Dort sammeln sie Muscheln auf, in welchen sich große und kleine Perlen befinden.

Marco denkt an den alten Mann, der ihm erklärt hat, warum sich in Indien selbst Könige und Fürsten auf die blanke Erde setzen: Sie betrachten es als Geste der Ehrerbietung, auf dem Boden Platz zu nehmen. „Aus Erde sind wir gemacht und zur Erde müssen wir eines Tages zurück", hat er Marco vor Jahren erklärt.

„Deshalb kann die Erde nicht hoch genug verehrt werden. Kein Mensch darf sie gering schätzen."

Marco isst noch einmal in den Gaststätten am Hafen. Wie die Inder benützt er dafür stets nur die rechte Hand. Die linke gilt als unrein, denn die Inder verwenden sie nur für unsaubere Dinge.

Marco erinnert sich an die Asketen, die er vor einigen Jahren getroffen hat: Die Männer verzichten auf allen Luxus. Sie brauchen kein Haus, kein Dach über dem Kopf. Nicht mal einen Lendenschurz tragen sie. Stets sind sie darauf bedacht, keinem Lebewesen etwas zuleide zu tun. Nicht einmal einer Fliege oder einem Wurm. Denn für sie hat alles eine Seele. Selbst Pflanzen essen sie nicht, solange sie grün sind. Erst wenn sie trocken und dürr sind, verspeisen sie sie. Als Marco die Asketen damals fragte, warum sie nackt seien, antworteten sie ihm: „Wir leben nackt, weil wir alle von dieser Welt nichts wollen und weil wir nackt und ohne Kleidung in diese Welt gekommen sind."

Marco streicht noch einmal über den Pfeffer, der auf den Märkten angeboten wird. Er nippt am Wein, den die Menschen aus Zuckerrohr herstellen, prägt sich die Farben der blauen und roten Papageien ein. Er will sich alles genau merken, um später in Venedig davon erzählen zu können.

Wenn die Dschunken die Seile von der Anlegestelle lösen, springt er wieder an Bord. Die Schiffe fahren jetzt die indische Nordwestküste entlang. Eine gefährliche Passage liegt vor ihnen. An der Küste wimmelt es von Piraten. Sie kreuzen auf Hunderten Schiffen über das Meer auf der Suche nach Beute. Eine Gefahr für Prinzessin Cocacin, denn oft entführen Piraten die Frauen an Bord. Marco und die Seeleute müssen jetzt wachsam sein. Viele Matrosen und einige Zofen der Prinzessin sind bereits in den Stürmen gestorben. Sie dürfen nicht noch mehr Menschen verlieren.

Abschied von der Prinzessin

Endlich sind die Kaimauern von Hormos am Horizont zu sehen. Das Minarett einer Moschee ragt in den tiefblauen Himmel. Als sich Marcos Dschunke dem Ufer nähert, bläst der Wind zwischen dem Plätschern der Wellen persische Wortfetzen von den Menschen am Hafen herbei.

Achtzehn Monate sind vergangen, seitdem sie in Sumatra abgelegt haben. Es war eine fürchterliche Reise. Schlimmer, als Marco gedacht hatte, als sie China verließen. Prinzessin Cocacin hat Tränen in den Augen, als sie das Ufer sieht. Marco muss sich zusammenreißen, nicht ebenfalls loszuheulen.

Von den ursprünglich sechshundert Passagieren an Bord haben achtzehn überlebt. Nur einer der drei Gesandten Arghuns, des künftigen Ehemanns der Prinzessin, ist noch am Leben. Fast alle Zofen der Prinzessin sind gestorben. Auch viele der über Tausend Matrosen sind nicht mehr unter ihnen. Stürme, Piraten und Krankheiten haben fast alle Passagiere getötet.

Marco hat noch den Geruch der Leichen in der Nase. Von einem nach dem anderen musste er Abschied nehmen, viele Männer, mit welchen er sich gerade angefreundet hatte. Die Angst ließ ihn kaum noch los, selbst vielleicht der nächste zu sein, der an Malaria stirbt oder von einer riesigen Welle von Bord gefegt wird.

Die wenigen Überlebenden mussten die verbliebenen Dschunken fast alleine steuern. Marco, Niccolò und Matteo sind erschöpft, als sie an einer Mole anlegen. Marcos Vater ist mittlerweile über siebzig Jahre alt.

Es ist schwül und stickig in Hormos wie damals, als sie vor vielen, vielen Jahren zum ersten Mal in der Stadt waren. Doch Marco hat sich längst an die feuchte Hitze

„Als die drei die Heimreise antraten, da weinte die Prinzessin vor Traurigkeit."

gewöhnt. Er kennt sie aus den asiatischen Tropen. Marco ist einfach nur froh, heil und gesund wieder an Land zu sein. Die Seereise ist endlich zu Ende.

Der einzige Überlebende der Gesandten Arghuns geht sofort an Land, um Erkundigungen einzuziehen. Die Prinzessin wartet an Bord des Schiffes. Sie hat sich im Schatten niedergelassen, fächelt sich Luft zu. Cocacin ist für Marco, Matteo und Niccolò längst zu einer guten Freundin geworden. Nach all den Stürmen und Epidemien hat sie die drei Venezianer lieb gewonnen.

COCACIN UND GHAZAN
Cocacin (die „blaue oder himmlische Dame") entstammte wie Bolgana, die verstorbene Hauptfrau des Arghun, dem Stamm der Baya'ut. Die Prinzessin sollte mit Arghun vermählt werden, doch er war bereits verstorben, bevor die Reisegesellschaft China verließ. Cocacin heiratete stattdessen Arghuns Sohn Ghazan. Ghazan war als Christ erzogen worden, konvertierte aber später zum Islam. Er kam 1295 an die Macht und regierte als 7. Il-Khan bis zu seinem Tod im Jahr 1304.

„Ihr seid wie Verwandte für mich", sagt sie zu ihnen. „Es wird mir schwer fallen, mich von Euch zu trennen."

Nach einer halben Stunde sehen sie den Gesandten Arghuns die Mole entlangeilen.

„Habt Ihr Neuigkeiten?", fragt ihn Marco.

„Prinzessin! Messer!", sagt er, streicht sich den Schweiß von der Stirn. „Ich kann Euch leider keine guten Nachrichten überbringen: Arghun ist gestorben."

Prinzessin Cocacin schluchzt. „War denn alles umsonst?"

„Nein, Prinzessin", sagt der Gesandte. „Wir werden eine Lösung finden. Ich habe bereits Gaichatu eine Nachricht überbringen lassen. Er ist der derzeitige Herrscher und Bruder des Verstorbenen. Wir müssen abwarten, wie er entscheidet."

„Lasst uns unterdessen eine Unterkunft suchen und Essen besorgen", schlägt Marco vor.

Nach einigen Tagen bekommen sie Nachricht: Prinzessin Cocacin soll mit Ghazan, dem Sohn des verstorbenen Arghun, vermählt werden. Und so ziehen Marco, Matteo, Niccolò, die Prinzessin und alle anderen Überlebenden auf dem

Landweg Richtung Norden. Sie übergeben die Prinzessin dem neuen Herrscher Gaichatu, der sie zu Ghazan bringen lassen wird. Neun Monate bleiben sie an Gaichatus Hof. Schließlich stattet sie der Herrscher mit neuen Goldtafeln aus, die ihnen eine sichere Reise durch sein Reich gewähren. Sie bekommen Reiter an die Seite, die sie beschützen.

Als sich Marco, Matteo und Niccolò von der Prinzessin verabschieden, weint Cocacin. So sehr hat sie die drei Venezianer lieb gewonnen.

DER LETZTE TEIL der Reise beginnt. Wochenlang reiten Marco, Matteo und Niccolò. Noch am Hofe Gaichatus haben sie erfahren, dass sie nicht den gewohnten Weg über Akko nach Venedig nehmen können. Denn das Reich der Kreuzritter existiert nicht mehr: Kreuzfahrer haben kurz zuvor ein Blutbad unter Muslimen angerichtet. Mittlerweile ist Akko wieder in muslimischer Hand. Nach dem Blutbad durch die Kreuzfahrer haben viele Muslime dort großen Hass auf Christen. Die Venezianer können deshalb auf keinen Fall über Akko reisen.

Marco, Matteo und Niccolò wählen die Route über Trapezunt am Schwarzen Meer. Sie passieren Aserbaidschan, Armenien und Georgien, müssen erneut Bergpässe überwinden, bis sie schließlich an der Schwarzmeerküste ankommen. In Trapezunt besteigen sie ein Schiff mit Kurs auf Konstantinopel – dem späteren Istanbul. Dort gehen sie an Bord einer Galeere, die sie in einer zwei Monate langen Seefahrt über das Mittelmeer zurück nach Venedig bringt.

Nun ist es Marco, der Tränen in den Augen hat: In der Ferne erkennt er den Dogenpalast am Markusplatz, die Türme, Gondeln und dicht gedrängten Wohnhäuser seiner Heimatstadt.

Noch in Persien hat er erfahren, dass Kublai gestorben ist. Der Großkhan hatte

Marco vor ihrer Abreise gebeten, nach einigen Jahren in Europa wieder zu ihm zurückzukehren. Doch nun ist sein Beschützer in China tot. Ohnehin beginnt das große mongolische Reich bereits zu zerfallen. Eine Rückkehr ist unmöglich. Und eigentlich freut sich Marco darauf, den Rest seines Lebens in Venedig zu verbringen. Er ist jetzt einundvierzig Jahre alt. Es ist an der Zeit, eine Frau zu finden, zu

heiraten und ein ruhiges Leben als venezianischer Händler zu führen. Als das Schiff im Hafen am Lido einfährt, läuten von der Stadt her die Kirchenglocken. Marco riecht den Duft von frisch geschnittenem Gras in den Obstgärten.

Er ist wieder zurück. Vierundzwanzig Jahre nachdem er als Siebzehnjähriger Venedig verlassen hat. Ein neues Leben beginnt.

Die Seeschlacht mit Genua

Die Verwandten stehen am Ufer, als Marco, Matteo und Niccolò von Bord gehen: Selbst Marco, der Ältere, ist gekommen. Er ist Marcos Onkel und der Bruder von Matteo und Niccolò. Matteos Frau Marta umarmt die Rückkehrer. Marco, Matteo und Niccolò haben Schwierigkeiten, wieder ordentliches Venezianisch zu sprechen. In all den Jahren in Asien haben sich mongolische und persische Wörter in ihre Sprache geschlichen. Die Neffen und Nichten kichern meist los, wenn Marco nach den richtigen Worten sucht.

Jeden Tag wandert er durch seine Heimatstadt, spaziert an den Gemüsefeldern innerhalb der Stadt vorbei, sieht den Mühlen zu, deren Schaufeln sich im Wasser der Kanäle drehen. Marco hört das Geklapper der Hufe in den Gassen, berührt vorsichtig den alten Feigenbaum am Campo San Salvador, lauscht wie als kleiner Junge den Geschichten der Matrosen am Markusplatz. Selbst der Gestank, der an heißen Tagen aus den Kanälen strömt, kommt ihm vor wie ein Stück Heimat. Venedig ist kleiner und weniger gepflegt als das prächtige Hangzhou. Doch nach all der Zeit in Asien fühlt er sich zum ersten Mal wieder richtig zu Hause.

IN DEN ERSTEN WOCHEN sind fast ständig Gäste im Haus der Polos. Jedes Mal sollen Marco, Matteo und Niccolò von ihrer Reise erzählen. Vor allem junge Männer und Frauen strömen in den Palazzo der Polos. Einige Bekannte sind neidisch auf die vielen Rubine, Smaragde und Diamanten: Die drei Polos haben die Edelsteine vor ihrer Reise in die Kleidung eingenäht und so aus Asien mitgebracht. Marco ist jetzt ein wohlhabender Mann. Ein wenig misstrauisch sind Freunde, wenn Marco von Persien, China und Kublai Khan erzählt. Er merkt, dass einige denken, er habe das alles erfunden. „Marco Milione" nennen sie ihn spöttisch, weil ihnen seine Schilderung von den riesigen Ausmaßen des chinesischen Reichs, seiner Schätze, seiner Kultur und seiner großen Städte übertrieben erscheint. Und weil sie nicht glauben wollen, dass das ferne China Europa in vielen Bereichen überlegen ist. Nach einiger Zeit lässt das Interesse der Venezianer nach. Marco beginnt, als Händler zu arbeiten. Als sesshafter Kaufmann. Nicht mehr auf Reisen.

BALD MACHEN GERÜCHTE um einen weitere Schlacht zwischen Genua und Venedig die Runde. Seit einigen Jahren sind die italienischen Handelsstädte miteinander im Krieg: Sie kämpfen um die Vorherrschaft im östlichen Mittelmeer. Im Spätsommer 1298 – drei Jahre nach Marcos Rückkehr – werden wieder Vorbereitungen für eine große Seeschlacht getroffen. Diesmal ist Marco mit dabei. Weil er eine lange Erfahrung in der Seefahrt hat, ernennt ihn die Stadt zum Kommandanten einer Kriegsgaleere. Im Konvoi ziehen die venezianischen Schiffe auf die Adria hinaus. Doch die Genueser sind stärker als erwartet. Am 8. September kommt es vor der Insel Korčula zum Kampf. Genueser stürmen Marcos Schiff. Kommandant Marco Polo wird in Ketten gelegt und ins Gefängnis von Genua gebracht.
Zunächst empfindet er es als eine Katastrophe: In den gleichen Zellen sitzen Pisaner, die seit vierzehn Jahren eingesperrt sind. Sie erzählen, dass anfangs viele Gefangene an Hunger oder Fieber starben. Inzwischen sind die Haftbedingungen besser – vor allem für Personen von Rang wie Marco. Noch ist kein Frieden zwischen Genua und Venedig in Sicht. Und damit kein Ende der Gefangenschaft. Doch eines Tages nimmt ein Schriftsteller namens Rustichello da Pisa neben ihm Platz. Und Marco erzählt ihm die lange Geschichte seiner großen Reise nach China.

Epilog

"Nun, werter Rustichello da Pisa, wisst Ihr alles über meine Reise."

"Messer Marco Polo, ich danke Euch von Herzen", erwidert Rustichello und reibt sich die rechte Hand, die ihn nach elf Monaten täglichen Schreibens ein wenig schmerzt.

"Es ist gut, dass wir fertig sind", ergänzt der Dichter. "Schließlich haben Venedig und Genua schon vor über zwei Monaten Frieden geschlossen. Es ist eine Frage von Tagen, dass Ihr entlassen werdet, Messer."

Marco blickt in Richtung der winzigen Fenster, hinter welchen er die Mittagshitze flirren sieht. Es ist Hochsommer, der kalte Winter ist längst vorbei. Er denkt daran, wie erleichtert er war, als er hörte, dass die beiden Städte am 25. Mai 1299 endlich den Friedensvertrag unterschrieben haben.

„Rustichello da Pisa, Ihr habt mir sehr geholfen in der Zeit der Gefangenschaft", sagt Marco und drückt Rustichello die Hand. „Mit Euch sind die langen Tage in diesem Kerker nicht sinnlos verstrichen."

Der Dichter lächelt. „Allerdings werden die Genueser enttäuscht sein, dass Ihr nicht mehr in ihrer Stadt weilt." Täglich sind Menschen zum

DIE BEDEUTUNG VON MARCO POLOS BUCH
Marcos Buch verbreitete sich schnell in vielen Ländern. Christoph Kolumbus, der europäische Entdecker Amerikas, studierte knapp 200 Jahre nach der Asienreise der Polos Marcos Buch genau. Er wollte in das sagenhafte, reiche Japan, von dem Marco im Buch erzählt und das Marco als indische Insel bezeichnet. Allerdings will Kolumbus das Land auf dem Seeweg gen Westen erreichen. Als er über den Atlantik segelt, stellt er fest, dass zwischen Europa und Asien noch ein Kontinent liegt: Amerika, das Kolumbus zunächst für Indien hält. Und dessen Ureinwohner Europäer „Indianer" nennen.

Gefängnis gekommen, um Marcos Geschichten zu hören. Es hat sich in der ganzen Stadt herumgesprochen, dass im Kerker ein Kaufmann einsitzt, der bis nach China gereist war. Edelleute brachten ihm Speisen, so berühmt war der venezianische Gefangene.

„Ich hoffe, auch Ihr kommt bald frei", sagt Marco nachdenklich.

„Macht Euch um mich keine Sorgen", erwidert Rustichello.

ES IST DER 28. AUGUST 1299, als Marco Polo sich endgültig von Rustichello verabschiedet, sich die Tore des Gefängnisses für ihn öffnen. Er spürt zum ersten Mal wieder die Sonne auf seinen Wangen. Er ist frei. So wie die anderen venezianischen Kriegsgefangenen. Sie dürfen zurück nach Venedig.

Marco wird Venedig sein Leben lang nicht mehr verlassen. Er zieht in ein großes Haus, das Niccolò und Matteo während Marcos Gefangenschaft gekauft haben. Ihr Palazzo liegt im Viertel San Giovanni Grisostomo, ganz in der Nähe der Rialtobrücke und des Canal Grande – dem Zentrum der Händler. Die ganze Großfamilie wohnt jetzt dort. In dem Haus bewundern die Gäste ein Yakfell, Seidenstoffe aus Asien und die goldene Befehlstafel des Großkhans. Erinnerungsstücke von ihrer Reise.

Im Winter des Jahres 1300, rund ein halbes Jahr nach seiner Rückkehr aus Genua, heiratet Marco in Festtagskleidung mit scharlachroten Seidenstrümpfen Donata Badoer. Donata entstammt dem Adel der Stadt. Marco ist als reicher Händler und Asienreisender, der auch noch ein Buch veröffentlicht hat, eine gute Partie. Donata und Marco Polo bekommen drei Töchter: Fantina, Bellela und Moreta. Marco führt ein ruhiges, wohlhabendes Leben in Venedig. So wie er es sich lange Zeit gewünscht hat. Ein wenig handelt er noch oder steckt sein Geld in die Geschäfte anderer. Doch die Reise nach Asien hat die drei Polos reich gemacht. Sie müssen nicht mehr viel arbeiten.

WAHRHEIT UND ERFINDUNG
In den vielen verschiedenen Überlieferungen, Abschriften und Übersetzungen, die bis heute erhalten sind, liest sich Marco Polos Buch „Die Wunder der Welt" wie ein Ratgeber für Kaufleute. Er beschreibt in jedem Land, womit man dort handelt und wie lange man zum nächsten Ort braucht. Seine eigene Geschichte und die Abenteuer reißt Marco Polo nur kurz an. So sind viele Details rund um den berühmten Reisenden verloren gegangen. Auch dieses Buch versucht Dialoge und Szenen nachzuvollziehen, dessen Wortlaut und Abfolge nicht genau überliefert sind. Mithilfe der erhaltenen Fassungen, neueren wissenschaftlichen Forschungen und ein wenig dichterischer Freiheit erzählt dieses Buch, wie die Route verlief und was Marco erlebt und gefühlt haben mag.

DAS BUCH MARCO POLOS wird an vielen Tafeln und Kaminfeuern vorgelesen. Viele Menschen können zu dieser Zeit weder lesen noch schreiben. Deshalb richtet sich das Buch auch an Zuhörer, die sich um fahrende Geschichtenerzähler und Sänger auf Märkten und an Adelshöfen versammeln. Rustichello hat es auf Französisch verfasst. In dieser Sprache werden damals Ritterromane geschrieben und vorgelesen.

Es wird schnell übersetzt, bald sind viele Versionen im Umlauf. Jeder, der das Buch abschreibt – denn den Buchdruck gibt es damals noch nicht in Europa – fügt ein wenig hinzu oder lässt Passagen weg, die dem Schreiber nicht gefallen. Sogar verschiedene Titel bekommt es: Mal nennen es die Herausgeber „Die Beschreibung der Welt", mal „Das Buch der Wunder", mal „Die Million". Heute ist es unter dem Titel „Die Wunder der Welt" bekannt.

Die Originalabschrift des Rustichello da Pisa geht jedoch verloren. Leser in späteren Jahrhunderten werden daher kaum noch feststellen können, welche Passagen original sind und welche spätere Schreiber erfunden haben.

ALS MARCO IM JAHR 1324 als alter Mann mit siebzig Jahren auf dem Sterbebett liegt, sind Freunde und Verwandte bei ihm. Sie drängen ihn, sein Gewissen zu erleichtern und zuzugeben, was an seinem Reisebericht erfunden sei. Doch Marco erwidert nur: „Ich habe nicht einmal die Hälfte von dem erzählt, was ich wirklich gesehen habe."

QUELLENNACHWEIS

MARCO POLOS WERK:

Marco Polo, Il Milione.
Übersetzt von Elise Guignard
© 1983 by Manesse Verlag, Zürich, in der Verlagsgruppe Random House GmbH, München.

SEKUNDÄRLITERATUR:

Christie, Yves: Handbuch der
Formen- und Stilkunde Mittelalter
W. Kohlhammer Verlag, Stuttgart 1982

Emersleben, Otto: Marco Polo.
Rowohlts Monographien
Rowohlt Taschenbuch Verlag, Reinbek 2002

Hansen, Henn Harald: Knaurs Kostümbuch.
Die Kostümgeschichte aller Zeiten
Droemersche Verlagsanstalt, München und Zürich 1954

Hart, Henry H.: Venezianischer Abenteurer.
Zeit, Leben und Bericht des Marco Polo
Carl Schünemann Verlag, Bremen 1959

Heissig, Walther und Müller, Claudius C. (Hrsg.): Die Mongolen
Umschau Verlag, Frankfurt am Main 1989

Münkler, Marina: Marco Polo.
Leben und Legende
C.H. Beck´sche Verlagsbuchhandlung, München 1998

Racinet, Albert: Illustrated History of European Costume. Period, Styles and Accessoires
Collins & Brown Limited, London 2000

Wood, Frances: Marco Polo kam nicht bis China
Piper Verlag, München 1996

Yamashita, Michael: Marco Polo.
Eine wundersame Reise
Frederking & Thaler, München 2003

Zorzi, Alvise: Marco Polo.
Eine Biographie
Claassen Verlag, Hildesheim 1992

Zorzi, Alvise: Venedig. Eine Stadt, eine Republik, ein Weltreich 697–1797
Amber Verlag, München 1981

Gemalte Gottesworte. Das arabische Alphabet.
Geschichte, Stile und kalligraphische Meisterschulen
Marix Verlag GmbH, Wiesbaden 2004

REGISTER

Adria 22, 23, 103
Afghanistan 42, 44, 46
Ägypten, ägyptisch 17, 18, 24, 30
Akko 6, 24–29, 85, 99
Alexandria 24
„der Alte vom Berge" 43, 44
Amerika 107
Anatolien 31
Apulien 24
Araber 26, 84
Arabien 6, 21
Arabisches Meer 6, 84
Ararat 31
Arghun 59, 79, 80, 96, 98
Armenien, armenisch 29, 30, 99
Asien 17, 18, 21, 27, 30, 32, 39, 102, 107, 108
Asketen 95
Assassinen 43, 44
Astrologie 62, 68
Atlantik 107
Augsburg 17
Ayas 6, 28–30
Badakhshan 7, 44
Bäder 64
Badoer, Donata 108
Bagdad 32, 35
Balkh 6, 42
Basar 32, 33
Baya'ut 79
Beduinen 25
Berke Khan 19, 20, 59
Bethlehem 24
Bruder Niccolò 30
Bruder Wilhelm 30
Buchara 6, 20
Buchdruck 68, 109
Buddha 62, 76
Buddhismus 76
Buddhisten, buddhistisch 32, 53, 62, 66, 76
Canal Grande 22, 108
Canbaluc siehe Peking
Ceylon (Sri Lanka) 7, 76, 94
China, chinesisch 11, 12, 18, 20, 21, 29, 30, 37, 41, 46, 49, 50, 52, 53, 56, 61, 68, 69, 71, 73, 76, 77, 84, 85, 88, 91, 96, 100, 103, 107
Chinesen 68, 85
Chinesische Mauer 73
chinesische Schriftzeichen 73
Chinesisches Meer 85
Christen 62, 66, 74, 99
Christentum 61
Cinghis 61

Cocacin 79, 80, 84, 90, 95, 96, 98, 99
Dominikaner 29, 30
Dschingis Khan 21, 42, 59, 61
Dschingisiden 59
Dschunken 84, 85, 88, 91, 94–96
Ehesitten 71
England 18
Erdölquellen 32
Essstäbchen 73
Fuzhou 7, 77, 84
Gaichatu 59, 98, 99
Galeeren 10, 17, 22–24, 29, 30, 80, 99, 103
Gansu 7, 52, 53, 77
Gelber Fluss 71, 77
Gelbes Meer 66
Genua 6, 10, 18, 102, 103, 106–108
Georgien 32, 99
Ghazan 98, 99
Goldene Horde 20, 43, 59
griechische Inseln 24
Groß-Armenien 13
Haifa 24, 27
Handelswaren 17, 18, 20, 28–30, 32–35, 37, 39, 40, 49, 50, 63, 68, 73, 88
Hangzhou 7, 77, 78, 84, 102
Hebei 71, 77
Hedin, Sven 50
Heiliges Grab 24
Heiliges Land 23, 25
Himalaja 7, 46
Hindukusch 6, 41, 42, 44, 46
Hormos 6, 36, 37, 39, 41, 42, 80, 84, 85, 94, 96
Hulagu 35, 44, 59
Il-Khanat 20
Il-Khane 32, 42, 43, 59, 79
Inder 95
„Indianer" 107
Indien, indisch 7, 11, 13, 36, 37, 39, 40, 63, 76, 79, 80, 84, 85, 93–95
Indischer Ozean 41, 84, 94
Indonesien 91
Ishkashim 44
Israel 27
Istanbul siehe Konstantinopel
Istrien 18
Italien, italienisch 9, 10, 24, 78
Jagd 66, 67
Jangtsekiang 71, 72, 77
Japan 7, 74, 76, 107
Jerusalem 6, 24, 25, 58
Jesus 24, 25, 62, 77

Juden 62, 66
Kalender 68
Kalif von Bagdad 35
Kap der Guten Hoffnung 49
Karawanen 20, 32, 41, 42, 48, 50–52
Karawanenstraßen 29, 41, 42, 49
Karawanserei 31, 32
Karmelberg 27
Kaschgar 7, 49, 50
Kaukasus 6
Khaidu 42
Kirgisistan 46
Kolumbus, Christoph 107
Kompass 68
Konstantinopel (Istanbul) 6, 17–20, 99
Koran 43
Korčula 6, 103
Kreta 18
Kreuzfahrerstaat 25, 26, 61, 99
Kreuzritter 24–26, 99
Kreuzzüge 25
Krim 19
Kublai Khan 12, 20, 21, 23–27, 29–31, 43, 52, 53, 56, 58, 59, 61–66, 68, 69, 72–74, 77–80, 84, 85, 88, 90, 94, 99, 103, 108
Ludwig IX. 29
Malaria 96
„Marco-Polo-Brücke" 69
Markusplatz 18, 22, 80, 99, 102
Marokko 24
Mittelmeer 18, 21, 24, 49, 103
Mohammed 62
Mönche 24, 28–30
Mongolei 13
Mongolen, mongolisch 12, 18, 20, 21, 29, 30, 32, 35, 44, 49, 56, 58, 61, 62, 68, 73, 74, 102
Mongolensturm 61
mongolisches Reich 18, 20, 21, 29, 30, 32, 42, 43, 100
Monsun 85, 88
Moscheen 84, 96
Moses 62
„muda" (Geleitzug) 23, 24
Muezzin 31
Muslime, muslimisch 25, 26, 28, 31, 32, 43, 56, 61, 62, 66, 99
Naher Osten 25, 26
Neapel 63
Niederlande 18
Nikobaren 94
Nirwana 76
Nogodar 36

III